구조화 단기상담의 실제

PRACTICE OF STRUCTURED BRIEF COUNSELING

| 강진구 저 |

학지사

스승이자 이모부이신

고 이형득 선생님을 기억하면서

머리말

우리나라의 상담 분야는 지난 20여 년간 '고도 성장'을 이루어 왔다. 수많은 상담전공자가 대학과 대학원에서 배출될 뿐만 아니라 국가와 민간 분야에서 다양한 상담전문가 자격증 제도가 시행되고 있으며, 학교 현장에는 전문상담교사가 배치되었고, 기업과 군대로 심리상담 서비스가 확대되었다. 아동상담부터 노인상담에 이르기까지 주위를 둘러보면 심리상담이 포함되지 않은 영역이 없을 정도다.

이러한 환경에서 우리는 상담의 전문성에 대해 물음표를 던지게 된다. 과연 상담은 개인의 문제와 사회 현상에 제대로 된 기능을 하고 있는가? 상담자는 어떤 전문적 능력을 발휘해야 하는가? 안타깝게도 주위를 둘러보면 이러한 질문에 쉽게 대답하기가 망설여진다. 당장 가까운 지인에게 능력 있는 상담전문가를 소개해 주기부터가 쉽지 않다.

감기 기운이 있거나 아플 때 우리는 그저 가까이 있는 동네 의원을 찾아간다. 전국의 의사들은 우리의 몸을 믿고 맡길 수 있는 일정 수준의 능력을 갖추고 있기 때문이다. 비유가 적절할지 모르겠으나 중국집의 짜장면조차도 전국적으로 수준이 비슷하다. 바닷가 어느 중국집을 불쑥 찾아가도 짜장면은 여간해서는 우리를 실망시키지 않는다.

그런데 상담 현장을 둘러보면 상담전문가는 많은데 전문 영역은 구분되지 않고, 방법이나 효과도 제각각이며, 심지어 효과에 대한 정의조차 불분명한 경우가 허다하다. 유능한 상담자를 찾으러 다녀야 하고, 경험해 보지 않으면 나에게 맞는 상담인지 알 수가 없다. 상담자가 사용하는 이론적 접근에 따라 상담 목표나 효과도 달라지다 보니 효과에 대한 만족도 역시 고민스럽다. 상담자를 찾아 헤매다가 상담전문가가 된다는 말이 와닿는 이유다.

저자의 고민은 여기서부터 출발하였다. 효율적인 상담이 되려면, 상담 기간이 제한적이라면, 내담자의 상담 동기가 현저히 낮다면, 조직 내 갈등 해결이 필요하다면 상담자는 어떤 역량을 갖춰야 하는가 등에 대한 답변이 필요한 시점이라고 여겼다.

단기상담은 이러한 질문에 대한 하나의 해답이 될 수 있을 것이다. 20세기 중반 미국의 심리치료계에서 '단기(brief)'라는 용어가 나타난 배경과, 2020년대 우리나라에서 요청되는 단기상담의 시대 상황은 다를 것이다. 그러나 1960년대에 '단기'라는 용어가 처음 사용되었을 때 받았던 오해는 현재에도 여전히 존재한다. 마치 단기상담이 피상적이거나, 임시방편적인 심리치료로 여겨지거나, 장기상담이 불가능한 때에 일시적으로 제공되는 응급치료로 치부되기도 한다. 그 시대의 '단기'라는 명칭과 지금의 것 또한 본질부터 많이 다를 것인데, 이처럼 용어가 갖는 이미지나 선입견을 극복하는 것부터가 이 책의 역할인 듯하다.

단기상담에서 강조하는 효율성은 시간이라는 자원과도 직결된다. 상담자는 단기상담을 실시할 때 시간 대비 효과에도 주목해야 한다. 좋은 상담 효과를 얻기 위해서는 제한된 상담 환경도 고려되어야 한다. 한 끼 식사를 원하는 고객에게 항상 풀코스 만찬 요리를 제공할 수는 없다. 상담자는 제한된 기간 안에 상담의 효과를 가져올 수 있는 목표와 전략, 그리고 정교하고 유효한 기법들을 갖추어야 할 것이다.

우리나라 실정에서는 기간이 제한된 단기상담이 필요한 경우가 많다. 15주 이내의 한 학기 단위에서 제공되어야 하는 학교 단기상담이나 청소년 단기상담, 그리고 10회 내외의 기업상담, 유료 개업상담 등에 필요한 내용은 무엇이며 무엇이 중점적으로 다루어져야 하는가? 단기상담을 효과적으로 진행하기 위한 훈련의 모듈은 어떠해야 하는가? 핵심적인 훈련 내용을 상담 실제에서 그대로 적용할 수 있는 방법은 무엇인가?

더구나 포스트모던 사회의 넘쳐나는 IT, AI 정보 속에 살고 있는 우리는 과거보다 더 심각한 소외와 단절을 경험하고 있다. 현대인들은 타인에게 성과를 보여 줘야만 하고, 긍정성의 과잉으로 인한 피로가 만연한 시대에서 타인에게 '평가받는 나'로 나 자신의 존재감을 겨우 유지하는 초라한 삶을 영위하고 있다. 그 결과, 우리 스스로는 더 단절되고 소외되어 간다.

이런 시대를 사는 상담자는 그저 기존의 상담이론이나 기법을 활용하는 것에서 한 단계 넘어서서 시대 현상까지 이해하고 다룰 수 있어야 할 것이다. 상담자는 보다 넓은 시선으로 내담자의 과거, 현재, 미래를 조망해야 할 의무가 있다. 왜냐하면 내담자를 소외와 단절로부터 회복되도록 도와야 하기 때문이다.

이 책은 단기상담의 모든 이론과 역사, 전략과 기법을 망라한 것이 아니다. 여기서는 상담의 효율성, 즉 시간 대비 효과를 높일 수 있는 구조화 단기상담의 기법과 전략을 다룬다. 단기상담을 수행하는 상담자나 단기상담을 학습하는 전공생이 가져야 할 역량을 높이는 데 초점을 맞추었다. 따라서 이 책의 주인공은 내담자나 내담자의 문제행동이 아니라 상담자 자신이다. 상담자는 자신의 관점에서 이 책을 어떻게 활용할지 고민해 보기 바란다.

제1장에서는 저자의 상담관과 단기상담에 도달하게 된 개인적인 이야기를 다루었다. 어떤 이론이나 기법에도 개발자의 경험이 영향 미친다고 보았기 때문에 감히 저자 자신에 대해 간략하게나마 소개하였다. 여기에서는 저자에게 영향을 준 상담이론과 철학적 관점을 나열하였고, 나름 강렬했던 인생의 경험을 몇 가지 에피소드 중심으로 제시하였다. 어쩌면 독자들에게 구조화 단기상담 모형이 만들어지기까지의 경로에 대해 이해를 구하고 싶었던 것 같다.

제2장에서는 단기상담이 무엇인지를 정리하였다. 단기상담의 성격과 단기상담자의 태도를 소개하였다. 단기상담은 이론 모형이 아닌 일종의 전략 모형이기에 이를 사용하는 상담자의 태도와 관점이 중요하다. 따라서 이 장에서는 단기상담에 필요한 기본적인 배경지식도 간략히 소개하였다.

제3장에서는 이 책의 주제인 구조화 단기상담 모형을 설명하고 핵심 내용을 제시하였다. 이 부분을 통해 구조화 단기상담의 원리를 이해하고 적용할 수 있기를 바란다. 단기상담에서 상담자가 수행해야 할 역할을 목표의 이해 단계, 탐색과 수용 단계, 자각과 변화 단계로 구분하고, 각 단계별 상담자 역할을 제시하였다. 이 내용들은 구조화

단기상담의 필요조건이라고 할 수 있겠다.

제4장에서는 구조화 단기상담 훈련프로그램을 구체적으로 소개하고 핵심 상담기법 훈련을 추가하였다. 수련생에게 듣는 질문 중에는 공감이나 직면과 같은 기법을 별도로 연습하는 방법이나 목표설정 등 복잡한 전략을 수련하는 방법에 관한 것이 많았다. 이론서는 많기에 이 책은 자주 쉽게 사용할 수 있는 핸드북 같은 책으로 사용되면 좋겠다는 심정으로 이 장을 구성하였다. 교육 현장에서 훈련 워크북으로 사용하거나 상담자가 자습서로 활용할 수 있기를 기대한다.

이 책이 출판되기까지 도움을 주신 분들에게 감사드린다. 책의 출판을 허락해 주신 학지사 김진환 사장님과 책이 나오기까지 많은 도움을 주신 한승희 부장님, 그리고 편집부 김지혜 선생님께 감사드린다. 단기상담에 집착하는 남편을 이해하고 아낌없이 격려해 준 아내에게 감사하다. 자신의 정체성을 확립하면서 잘 자라 준 두 아들에게도 감사를 전한다. 어느 누구보다도 감사한 분은 내가 가장 미성숙하고 길을 잃었을 때 만나 주시고 이끌어 주신 고 이형득 선생님이다. 이 책을 쓰기까지 망설이고 지체된 이유는 감히 그분의 명성에 오점이 될지 모른다는 두려움 때문이기도 하였다. 이 책이 심리상담 현장의 혹독하고 높은 벽 앞에서 싸우는 상담자들과 전공생들에게 도움이 되기를 바란다.

2025년 6월

방배동 한국단기상담연구소에서

저자 강진구

차례

제 1 장

서론

1. 개인적 상담이론의 필요성
2. 개인적 상담이론 개발에 미친 영향

상담자는 다양한 상담이론을 학습함과 동시에 그가 속한 시대에서 자신의 경험에 의해 재구성된 상담 모형에 입각해 상담을 수행한다. 저자는 석사과정을 시작하면서 집단상담에, 그리고 박사과정부터는 단기상담과 상담자 훈련에 관심을 갖게 되었다. 이 시기에 저자가 경험한 것들은 모두 구조화 단기상담 모형에 관심을 갖게 된 밑바탕이다.

서론에서는 저자가 구조화 단기상담 모형에 관심을 갖게 된 경험과 구조화 단기상담 훈련프로그램을 개발하게 된 과정을 저자 자신의 학문적 · 개인적 경험 중심으로 서술하고자 한다. 먼저 상담자가 자신의 상담이론을 가져야 하는 이유를 설명하고, 저자가 직 · 간접적으로 영향받은 상담이론들을 제시한 후, 저자의 개인적인 삶을 간략히 소개하자면 다음과 같다.

1. 개인적 상담이론의 필요성

상담자는 내담자와 마주하는 순간부터 자신의 이론과 철학을 바탕으로 심리 조력 작업에 임하게 된다. 상담자는 자신의 이론적 틀에 근거해서 상담의 방향을 정하고 방법과 기술을 선택하며, 자신의 상담이론을 통해 상담의 전체 계획과 전략을 세우고 내담자의 호소문제와 행동의 의미를 이해할 뿐 아니라, 적절한 상담목표를 수립해서 거기에 알맞은 기술들을 사용하고 상담 효과에 대한 평가 기준도 마련한다. 그뿐 아니라 자신의 상담이론을 확립해 가는 동안 인간적 자질과 전문적 자질을 발달시켜 나가게 된다.

상담자가 자신의 상담이론을 개발하는 것은 매우 중요하다. 자신의 상담이론을 개발하기 위해 상담자는 먼저 자기 자신에 대해 분석해야 한다. 또한 자신이 처한 시대적 배경, 즉 사회문화적 환경과 그 시대의 지배적인 철학사상을 이해해야 하며, 기존의 상담이론들을 연구하는 자세를 가져야 한다. 상담자는 여러 상담이론을 절충·통합하는 과정을 통해 자신에게 가장 적합한 이론을 찾아내고, 마침내 자신의 개인적 상담이론을 개발하게 된다. 이러한 끝없는 노력의 과정에서 상담자는 점차 완성되어 가는 존재가 되는 것이다. 이 관점에서 개인적 상담 모형의 개발이 필요한 이유를 주장한 이형득(2003)의 내용을 간단히 옮겨 보면 다음과 같다.

> 우리나라의 상담학 교수들은 물론 상담학도들도 아직까지 우리의 문화를 근거로 하여 우리에게 효과적인 상담의 이론 개발이나 기법의 활용에는 무관심한 것 같아 아쉽기 그지없다. 이와 같은 현실은 우리나라 학자들이 자신의 이론을 개발하기보다는 외국의 것을 소개하는 식의 세미나 또는 워크숍에는 적극적으로 참석하지만 우리의 문화에 근거하여 우리나라 학자들이 주체적으로 개발한 프로그램이나 강좌에는 그다지 관심을 보이지 않는 것 같은 모습에서 분명히 나타나고 있다. 이러한 현실을 안타깝게 여긴 저자는 스스로의 부족함을 절감하면서도 감히 자신의 이론을 개발하고자 용기를 내어 본 것이다(pp. 42-43).

이러한 관점에 자극을 받은 저자는 스스로의 부족함을 절감하면서도 감히 자신의 단기상담 모형을 개발하고자 용기를 냈다. 근래에 우리나라에서 단기상담이 많이 활용되고 있지만 아직도 단기상담에 대한 인식은 그저 표면적인 또는 단편적인 해결책만 지향하는 상담으로 오해받는 실정이고, 해결중심단기상담과 같은 해외의 이론들이 보급된 지 수십 년이 흘렀지만 아직 우리나라 실정에 맞는 단기상담 모형은 찾아보기가 어렵기 때문이다. '언제까지 우리는 단기상담이 필요하다고 하면서 외국의 이론들에 의존해야 할까?'라는 생각을 가지고 자료를 수집하고 경험을 적용해서 정리해 본 것이 이 책이 있게 한 계기가 되었다. 다시 말해서, 이제 우리나라도 그저 상담의 양적인 확산이나 상담 자격증 취득에만 치중하거나 문화가 다른 외국에서 개발된 것만 가져다 쓰는 것을 지양하고, 우리 문화에 기반한 단기상담 모형을 개발할 때가 되었다고 확신한다. 비록 이 책에서 주장하는 구조화 단기상담 모형이 구성과 내용 면에서 미완성일지 모르나, 이것이 젊은 상담자들에게 자극을 주고 길잡이가 되어 앞으로 더 많은 단기상담 모형이 개발되고 검증되기를 기대한다.

2. 개인적 상담이론 개발에 미친 영향

학문의 초창기에 저자는 상담이론을 거창하고 위대한 것으로만 보았기에 감히 새로 개발한다는 것은 있을 수 없다고 여겼다. 그래서 늘 여러 상담이론을 배우고 적용하는 데만 관심과 노력을 기울였다. 그러나 수십 년 상담과 교육을 진행하면서 느낀 점은 모든 상담자는 어떤 경우든 자신의 이론을 갖게 될 수밖에 없으며, 자신의 이론을 통합적으로 발전시켜 가는 존재라는 것이다.

여기서는 저자가 구조화 단기상담 모형에 관심을 갖고 발전시키게 되기까지의 학문적 경험과 개인적 경험으로 나누어 소개한다. 자신의 학문적 · 개인적 경험에 대한 소개 없이 독자 여러분에게 단순히 이론 모형만 주장하는 것은 무의미하다고 여겼기 때문이다.

1) 학문적 경험

저자에게는 여러 상담이론이 많든 적든 영향을 끼쳤을 것이다. 그 중에서 크게 영향을 받은 몇몇 이론만 나열하자면 인간중심상담, 개인심리학, 의미치료, 역설적 상담, 교류분석, 본성실현상담, 집단상담, 인지행동치료, 그리고 포스트모던 계열의 관점들이라고 할 수 있다. 지금까지도 이 이론들은 각각 개별적으로 활용하기보다 통합적으로 적용하면서 이론 간의 간극을 좁혀 가고 있다. 여기서는 각 이론이 저자에게 어떻게 영향을 미쳤는지 간단히 소개하고자 한다.

(1) 인간중심상담

인간중심상담은 대부분의 상담자와 마찬가지로 저자에게도 상담 입문과 동시에 모델링이 된 이론이다. 이 이론이 강조하는 공감, 수용, 존중은 저자 자신을 치유시키는 동력임과 동시에 고통스러운 수련과 연마의 대상이었다. 또한 인간중심상담은 다양한 이론을 화학적으로 결합시키는 촉매가 되었다. 그러나 우리는 Carl Rogers의 시대에 살고 있지 않기에 현대사회에 필요한 방식으로 이 이론을 수정 · 발전시켜야 할 필요성을 절감한다.

한 예로, 공감받는 기쁨에 상담 공부를 시작했다가 공감 훈련의 고통에 좌절하는 수많은 상담자를 봐 왔다. 주변을 돌아보면 공감과 같은 상담기법조차도 신비의 대상으로 여겨, 기법을 연마하는 훈련 과정보다 마음수련이나 교육분석에 치중하는 경우를 쉽게 발견한다. 어떻게 보면 한 인간 상담학자인 Rogers를 너무나 존경하고 추앙한 나머지 상담자 자신을 보잘것없는 존재로 여기는 잘못된 접근이라 할 수 있다. 80여 년 전에 개발된 인간중심상담이 준 유산은, 상담자는 기술자로서의 기반에 근거한 예술가가 되어야 한다는 점이다. 저자는 인간중심상담을 과도한 신격화나 난제로 여기기보다 어디까지 능력을 발휘할 수 있느냐는 정도의 문제로 볼 수 있게 되었다. 이로써 상담과 교육 현장뿐 아니라 일상생활에서도 쉽게 적용할 수 있게 되었다.

(2) 개인심리학

개인심리학은 상담자와 내담자 모두 자신의 원가족으로부터 성격과 세계관이 형성되었음을 전제로 한다. 이제는 상식이 되어 버린 Alfred Adler의 이론적 관점은 우리 삶에 깊이 녹아들어 있다. 우리는 모두 원가족의 영향에서 벗어날 수 없다. 저자 또한 상담 수련의 과정에서 원가족의 영향을 극복하고 분리개별화를 이루는 혹독함을 경험하였음을 부인하지 못한다.

이 이론에서 강조하는 출생 순위나 가공적 목적론은 저자의 성격 형성과 대인관계뿐 아니라 상담심리학으로 오게 된 진로 선택의 과정, 그리고 결혼과 자녀 양육 등 인생의 모든 영역에 영향을 미쳤다. 타인의 문제를 점쟁이처럼 알 수 있으면 얼마나 좋겠냐마는 우리는 상담이론에 근거하여 이해하고 해석해야 한다. 상담자가 자신의 문제를 해결한 수준만큼 내담자를 도울 수 있다고 할 때 개인심리학은 우리 스스로를 통찰하게 돕는 최소한의 관문이라고 여긴다.

(3) 의미치료

의미치료는 저자가 심리적으로 방황하던 시절에 삶의 의미를 되찾게 해 준 이론이다. 삶의 공허함과 무의미성은 이 이론이 태동된 1930년대의 유럽뿐 아니라 이 책이 출간된 2025년의 우리 사회에도 여전하다. 풍요로운 IT나 AI 시대에 우리는 삶의 의미를 잃은 채 가정과 직장, 사회에서 살아남기 위해 몸부림치고 있다. Viktor Frankl의 의미치료는 저자에게 외롭고 고뇌하는 순간마다 삶의 의미를 찾기 위해 노력하는 자세를 유지하게 해 주었다.

주위를 돌아보면 삶의 의미를 찾지 못한 채 시간을 허비하거나 방황하는 청소년, 대학생, 직장인, 노인들을 쉽게 발견한다. Frankl이 말한 것처럼, 의미를 찾는 노력 또는 능력은 자생적이지 않기에 우리는 필사적으로 의미를 찾아야 할 것이다. 저자 또한 삶의 의미를 잃고 낙심한 적이 무수히 많았다. 이제야 그 순간순간에 간신히 의미를 부여할 수 있는 것 같다. 삶의 의미 찾기는 어떻게 보면 평생의 과업과도 같은 것이다.

(4) 역설적 상담

역설적 상담은 특히 상담자로서 인생을 어떤 관점으로 살아야 할지 방향성을 알려 준 이론이다. 지금은 가족상담 영역에 편입(?)되었지만 저자가 처음 상담에 입문하던 1990년대까지만 해도 독립된 이론으로 존재하였다. 역설적 상담의 병리적 이중구속과 1차원적 · 2차원적 변화의 관점은 삶의 이치를 새롭게 깨닫게 해 주었다. 특히 석사과정 때 『변화: 문제 형성과 해결의 원리(Change: Principles of problem formation and problem resolution)』(Watzlawick et al., 1974)를 읽으면서 세상을 바라보는 시각이 변화되었고, 저자의 현재, 과거, 그리고 미래에 대한 조망을 바꾸게 되었으며, 2차원적 변화를 자신에게 적용할 수 있게 되었다.

우리 삶은 어떤 형태로든 역설이 작동한다. 청소년 자녀에게 "쉬지 말고, 공부해라."(1차원적 변화)보다 역설적인 접근, 즉 "공부 그만하고 쉬어라."(2차원적 변화)라고 말해야 하는 줄 알지만 실제로 행하기는 어렵다. "1등 못 하겠거든 공부하지 마."(공부를 제대로 하면 당연히 1등을 할 수 있는 것이고, 네가 1등 하지 못한 것은 공부를 제대로 안 했기 때문이다)라는 굴레에서 빠져나오지 못한 채 성공 신화에 갇힌 우리 세대는 역설의 지혜를 배워야 할 것이다.

(5) 교류분석

교류분석은 기업의 교육 및 연수 현장에서 많이 활용되고 있는 이론이다. 상담을 대인관계의 학문이라고 규정할 때 교류분석은 가장 명료한 의사소통 구조를 제공하는 이론 중 하나일 것이다. 교류분석을 창시한 Eric Berne이 정신분석에서 출발하여 교류분석을 개발한 것처럼, 상담자가 기존의 이론으로부터 자신의 이론을 개발해 가는 과정은 피할 수 없는 현상이다. 저자는 이 이론을 통해 의사소통 방식을 이해하고 교정하는 소중한 경험을 하였다. 진정한 친밀관계를 회피하고 게임의 형태로 사는 미성숙한 삶으로부터 자신의 자아 상태를 이해하고 상보적 교류를 하는 방법을 가능하게 해 주었다.

공감 기법만 하더라도 이것은 상담자의 성인 자아가 내담자의 어린이 자아를 다루는 수단이다. 교류분석을 그저 단순한 교육 모형으로 치부하는 것은 원석에 들어 있는 보석을 발견하지 못한 것이다. 저자는 상보적 교류가 가능해지면서 인간관계를 게임의 관계가 아닌 진실하고 친밀한 관계로 바꿀 수 있었고, 가족들과의 관계도 더 수평적이고 민주적인 관계로 변화시킬 수 있었다.

(6) 본성실현상담

본성실현상담은 상담학자 고 이형득 선생님이 자신의 상담관을 집대성한 이론이다. 다음의 인간적 경험 부분에서 자세히 소개하겠지만, 저자는 운 좋게도 그분의 생의 후반부를 함께하면서, 그분 가까이에서 도제식의 배움을 경험하였다. 이 이론의 집필 과정을 도우며 거의 매일 아침마다 책에 대한 구상을 듣고 의견을 나누었고, 자료 수집과 정리를 해 드리면서 부스러기를 핥듯이 내용을 읽어 가면서 알게 모르게 『본성실현상담』(이형득, 2003)의 상담관을 받아들이게 되었다. 처음에는 이론으로만 학습하였던 본성실현의 장애와 실현에 대한 내용이 점차 저자의 인간관과 상담관이 되었다.

우리의 삶은 예측 불가능한 사건의 연속인데, 이 이론은 상담자가 그 가운데서 어떤 자세를 지녀야 할지 알게 해 준다. 9.11 테러가 일어난 날 아침 이형득 선생님과의 긴 대화가 떠오른다. 그분은 자신의 상담이론으로 세상의 문제를 해석하고 대처하는 자세의 모범을 보여 주셨다. 우리 사회의 숱한 사건들, 2014년 세월호 사건, 2022년 이태원 참사, 그리고 2024년의 계엄과 탄핵 정국 앞에서 이 이론은 저자의 상담관으로 자리매김되었다.

(7) 집단상담

집단상담은 저자가 상담자로서 필요한 구체적이고 실제적인 측면을 연마하는 데 큰 영향을 주었다. 처음에는 구조화 집단상담을 통해, 그리고 차츰 나 자신을 개방하고 수용하는 비구조화 집단상담에서 상담자로서의 성장을 경험하게 되었다. 상담 기간이나 효과에 대한 이해의 측면에서 볼 때 어쩌면 단기상담은 집단상담과 같은 맥락이라 할 수 있다. 이형득 선생님의 집단상담에 수백 시간 참여한 경험은 자연스럽게 저자의 단기상담 훈련과 연결되었고, 현재도 훈련가로서 상담전공자들을 교육하는 바탕이 되고 있다.

(8) 포스트모더니즘 철학

포스트모더니즘 철학은 우리가 생존하는 현대사회의 문제들을 수많은 철학자가 재분석한 학문의 새로운 흐름일 것이다. 20여 년간 상담교수이자 상담훈련가로서의 경험과 포스트모던 철학을 통해 얻게 된 결론은 내담자의 '소외와 단절'이 이 시대 단기상담의 주제가 되어야 한다는 것이다. Jacques Lacan, Jean Baudrillard, Jacques Derrida 등의 관점들은 저자의 정체된 상담관에 새로운 자극을 주었고, 확장된 관점으로 세상과 인간의 문제를 볼 수 있게 해 주었다.

Sigmund Freud의 정신분석을 현대사회의 현상에 더 넓게 적용한 Lacan의 정신분석적 성찰은 내담자의 무의식적 욕망과 존재론적인 결핍을 새롭게 바라볼 수 있게 해 주었다. 예를 들면, 오이디푸스 콤플렉스에 대한 Lacan의 해석은 그것이 더 이상 Freud의 성본능 이론의 산물이 아니라 우리 사회의 존재에 대한 왜소한 인간의 맞닥뜨림과 연결된다는 관점에서 내담자의 문제를 재해석하는 데 도움이 되었다.

서양철학의 로고스중심주의와 같은 이원적 대립을 동일자와 타자의 대립으로 분석한 Deridda의 해체적 성찰은 내담자의 삶이 더 이상 우열의 서열적 사고방식이 아닌 상호보완적 관계로 변화해야 함을 의미한다. 이러한 관점은 저자에게 우리 사회의 양극화와 개인 내적인 고통을 성찰적으로 분석해 갈 수 있는 동기가 되었다.

오늘날의 거대 자본주의에 의한 소비문화는 우리의 삶의 가치와 방법에 영향을 미치지 않을 수 없을 것이다. 단순한 대인관계 갈등을 넘어 소비문화와 연결된 욕망의 표현 양식, 즉 상품의 사용가치보다 기호가치(sign value)를 더 중요시함으로써 자기 자신으로부터 단절된 현상을 통렬하게 분석한 Baudrillard의 관점은 소비사회의 포로가 되어 버린 내담자를 더 잘 이해할 수 있게 해 주었다.

그러나 소외와 단절에 관한 수많은 이론으로부터 새롭게 깨달은 것은 100년 전에 Martin Buber가 주장한 나와 너(I-Thou)의 관계에 대한 이해다. 선구자들이 만들어 놓은 어마어마한 양의 상담과 철학의 이론들이 결국 돌고 돌아서 Buber의 도구적 관계의 확산에 대한 성찰에 다시 도달하였다는 점이다. 이 과정을 통해 저자는 나 자신과, 그리고 가까운 사람들과 새로운 만남의 경험을 한 셈이다.

2) 인간적 경험

저자는 학문적 경험과 함께 인간적 경험을 소개함으로써 구조화 단기상담 모형에까지 이르게 된 저자의 인생 경로가 미약하게나마 독자들에게 전달되기를 기대한다. 어린 시절부터 저자는 내향적이고 민감한 기질을 타고났으나 과업지향적인 가족 문화의 영향으로 인해 자신감이 결여되고 불안하고 무기력한 청소년기를 보냈다. 언어 영역에 적성이 있었지만 이공계열로 진학한 후 적성이 맞지 않아 극심한 정체 혼미를 겪기도 하였다.

정체 혼미의 임계점은 미국에서의 공학 석사과정 때였는데, 외국에서 심리적으로 독립하게 되면서부터 나 자신이 진정으로 원하는 것이 무엇인지 깨닫게 된 듯하다. 그러나 대학교 시절부터 관심 있었던 심리학, 특히 상담심리학으로 바꾸는 데는 용기와 결단이 필요하였다. 20대 후반에 와서, 그것도 미국에서 새로운 전공을 선택하는 결정은 쉽지 않았고, 갈등으로 인한 실존적 불안과 죄의식이 수반되었다. 이때 한국에 계신 이형득 선생님께 전화로 상담을 요청하였는데 "상담을 공부하면 돈은 못 벌어도 행복할 수 있다."라는 말씀이 강렬하게 와닿았다. "그래. 내가 행복하고 미래의 내 가족이 행복할 수만 있다면, 돈은 못 벌어도 좋다."라고 생각하게 되었고, 마침내 귀국해서 전공을 상담심리로 바꾸게 되었다.

그러나 원하는 상담심리학 석사과정 입학의 기쁨은 잠시뿐이었고 현실은 혹독하였다. 생소한 인문사회과학의 학습 방식은 힘겨웠고, 상담 전공의 특성상 상담자로서의 인간적 자질까지 맞닥뜨리게 되자 더 좌절하고 초라해지기도 하였다. 상담심리로 석사과정에 입학하던 날이 기억난다. 이제 저자의 석사과정 지도교수가 되신 이형득 선생님께서 "전문심리조력가의 길에 들어선 걸 축하한다. 그런데 졸업 후 뭐 먹고살 거냐?"라고 하셨는데, 이 말씀은 그저 좋아서 공부하는 것이 아닌 '실용적'인 능력을 갖추어야 한다는 절박함으로 다가왔다.

석사를 졸업한 후 3년여 다니던 직장을 그만두고 다시 이형득 선생님 밑에서 함께 상담센터를 운영하면서 수련을 받게 되었다. 말이 운영이지 혹독한 도제식 연마의 수련이었다. 이형득 선생님은 저자가 성장 과정에서 얻은 심리적 상처들을 이해하고 수용해 준 따뜻한 스승임과 동시에 상담 기술자로서의 능력을 연마할 것을 강요(?)하는 훈육자셨다. 함께 있는 시간이 많아질수록 공감뿐 아니라 분석과 직면도 쏟아 내셨다. 저자의 일거수일투족을 놓치지 않고 "네가 한 그 행동은 이러저러한 감정이 투사된 것이다."라는 분석을 끝없이 하셨고, 미래에는 상담자가 많이 필요하므로 상담자 훈련을 체계적으로 시킬 수 있는 능력이 필요함을 강조하셨다. 연구소 운영도 어찌 보면 저자에게 상담계의 현실을 실감하게 하고 노하우를 전수시킨 과정이었을 것이다.

어떤 분이 이형득 선생님께 저자를 가리키면서 "강 군이 업무와 학업으로 너무 고생하니 휴가를 보내 주는 것이 어떠신지요?"라고 청한 적이 있다. 이때 이 선생님은 "강 군은 아직 실력이 부족하니 휴가는 갈 수 없다."라고 단호히 대답하셨다. 저자가 박사과정을 병행하는 중에 한 번은 시험공부를 밤새 한 적이 있었는데, 새벽에 공부하는 저자를 발견하신 후 "너는 네 눈앞의 공부에만 밤을 새우는구나. 네 미래가 달린 상담에 밤을 새워야 한다."라며 오히려 책망하셨다.

이러한 도제식 훈련의 기간이 지나고 박사과정에 입학하였을 때는 이미 어느 정도 상담의 이론과 실제가 통합되어 있었다. 상담을 배우는 데 급급하였던 석사과정과 달리 상담의 현재와 미래를 준비하는 넓은 시각을 갖기 시작하였다. 여기에는 저자의 과거 상처들이 도제식 훈련을 통해 치유된 경험의 영향도 있었다고 할 수 있다. 이형득 선생님은 저자가 단기상담 훈련을 주제로 박사 논문을 쓴 해에 돌아가셨다. 박사학위를 갖고 학교와 상담 현장을 뛰어다니기 시작한 저자에게는 "교수가 되더라도 상담소를 계속 운영해야 실력이 늘고 세상을 앞설 수 있다."라는 말씀이 점점 크게 다가왔다. 그 후 한국단기상담연구소를 설립하고 운영하면서 단기상담과 집단상담과 같은 현장에 필요한 것을 가르치는 역할로 이어지고 있다. 교수뿐만 아니라 현장 전문가로서도 계속된 경험은 앞으로 저자가 나아가야 할 방향성이자 과제일 것이다.

제2장

단기상담의 이해

1. 단기상담의 의미
2. 단기상담의 역사
3. 단기상담의 특징
4. 단기상담의 과제

이 세상에는 약 400여 개의 상담이론이 존재하고(Prochaska & Norcross, 2007), 단기상담이론만 해도 약 50여 개가 있다고 추정된다(Lewis, 2005). 이 이론들은 모두 각각의 고유한 필요에 의해 태동되고 전파되다가 역할을 다한 뒤에 소멸될 것이다. 우리는 이 장에서 2020년대의 사회에 필요한 단기상담 모형을 찾기에 앞서, 보편적으로 인정되는 단기상담의 관점과 역사, 특징, 그리고 상담자의 자세에 대해 살펴볼 필요가 있다. 이 장에서는 단기상담이란 무엇이며, 상담자는 어떤 자세로 단기상담에 임해야 하는지를 제시하고, 단기상담의 변천 과정을 살펴본 후 단기상담의 특징과 통합적 관점에 대해 논할 것이다.

1. 단기상담의 의미

단기상담(brief counseling)은 상담에 시간과 비용이라는 경제성 원리를 적용해서 상담 효율을 높이고자 하는 접근법이다. 이는 심리적 어려움으로 인해 고통받는 내담자의 문제를 가장 최적의 적극적인 개입을 통해 지원하고자 하는 실질적인 긴급함에 대한 상담학의 반응이라고 볼 수 있다(강진구, 박보영, 2024). 이러한 단기상담을 함축적으로 정의한다면 “가능한 한 빨리 내담자를 변화시키기 위한 의도적인 심리 조력 활동”(Budman & Gurman, 1988)이라고 할 수 있다.

1) 단기적 태도

우리 사회는 이미 상담을 심리적 문제에 대한 효과적인 대안으로 받아들이고 있다. 특히 학교, 직장, 군대 등 상담 자원이 부족한 곳에서도 상담의 수요는 계속 증가하고 있고, 상담을 제공하는 전문인력이 부족할수록 한정된 시간 내에 최대의 효과가 요구된다.

이런 환경에서 단기상담을 수행하는 상담자는 어떤 태도를 취해야 하는가? 단기상담은 상담 과정에 필요한 전략뿐 아니라 상담자의 태도이기도 하다. '단기적 태도'에는 단기상담에 필요한 상담자의 신념, 관점, 가치관까지 포함되기 때문이다(Presbury, Echterling, & McKee, 2008).

만약 상담자가 내담자가 원하는 기간 동안 상담을 해 줄 수 있다면 내담자는 더 많은 도움을 받을 수 있을 것인가? 단기상담은 내담자의 문제의 원인 탐색에 매달리거나 원인의 배경을 분석하는 데 집중하기보다, 현재의 문제와 연결된 원인 탐색과 그 원인으로 인한 현재와 미래에 관심을 둔다. 단기상담에서는 시간의 효율성과 상담 효과 간의 합의점을 찾는 데 초점을 맞춘다.

2) 단기상담의 관점

Presbury, Echterling과 McKee(2008)는 단기상담을 수행하는 상담자가 내담자를 바라보는 관점을 제시하였는데, 그 일부를 요약하면 다음과 같다. 이러한 관점들은 일반적인 상담을 수행하는 상담자에게도 공통적으로 적용되는 요소일 것이다.

- 상담자는 모든 내담자를 고유한 존재로 존중할 수 있어야 한다. 상담자 자신에게 해결책이었다고 해서 내담자에게 문제의 해답으로 제시해서는 안 된다. 상담자가 자신의 존재를 불식시키고 내담자를 독특한 존재로 인정해 줄 때 책임감과 존중감을 갖게 된다. 변화를 유도하는 것은 상담자이지만, 변화의 주체는 내담자 자신이다.
- 희생자가 아닌 생존자에 주목하여야 한다. 내담자에게는 자신의 문제를 해결할 수 있는 강점과 자원이 있다. 병리학적 관점에서는 내담자의 고통과 증상에 초점을 맞추게 되지만, 단기상담에서는 내담자의 숨겨진 강점과 회복탄력성에 더 집중한다.
- 내담자의 저항은 더 깊은 탐색과 문제 해결을 위해 주저하는 행동이다. 많은 상담자가 내담자의 저항을 깨뜨리는 것을 변화의 시작이라고 여긴다. 그러나 저항은 상담관계의 결과일 뿐이다. 상담자는 저항을 처리하려고 하기보다 상담자와 내담자 간의 상호작용으로 이해해야 한다. 상담자가 아무리 좋은 해결책을 제시해도 내담자는 '친숙한 악마'와 같은 평상시 익숙해진 행동패턴을 유지하려고 애쓰게 된다. '새로운 악마'보다 더 안전하기 때문이다. 그는 자신도 비생산적인 행동을 반복하는 것을 알고 있지만 여기에 너무나 익숙해져 있기 때문에 변화를 두려워하는 것이다.

변화를 두려워하는 내담자

친구의 집을 방문한 상담자는 그 친구가 가구를 엉뚱하게 배열해 두고 사는 것을 보고 깜짝 놀란다. 냉장고를 화장실에, TV는 베란다에, 세탁기는 안방에 두고 불편한 생활을 하는 친구가 안타까웠던 상담자는 가구를 '올바른' 위치로 옮겨 준다. 냉장고를 부엌으로, TV는 거실로, 그리고 세탁기는 뒤 베란다로 옮겨 놓은 후 1주일 뒤에 다시 방문하였을 때 그 친구는 모든 가구를 다시 원래 위치로 옮겨 놓고 불편한 삶을 계속 살고 있었다. 상담자의 관점은 내담자에게 일방적으로 이식되는 것이 아니다. 내담자가 어떤 이유로 현재의 삶을 살고 있는지를 이해하고 수용하는 자세로 접근해야 한다.

- 내담자만이 스스로를 온전히 변화시킬 수 있다고 확신해야 한다. 내담자와의 첫 번째 과업은 논리적인 충고나 논박이 아니라 그의 감정을 공감적으로 이해하는 것이다. 이때 내담자는 상담자를 진심으로 신뢰할 수 있게 되고 비로소 변화를 향해 나아간다. 변화는 내담자의 몫이다. 상담자는 내담자에게 다양한 방법으로 긍정적인 변화를 촉진할 수 있지만 변화 자체를 주도할 수는 없다. 과제나 피드백 몇 번으로 내담자를 변화시킬 수 있다는 과도한 기대를 버려야 할 것이다.
- 원인보다 효과를 탐색해야 한다. 증상(symptom)이란 잠재적 원인의 지표다. 상담에서 문제의 원인인 과거만을 탐색하는 것은 비효율적일 뿐 아니라 잘못된 전략이다. 어떤 내담자는 자신의 과거 탐색만으로도 문제가 해결된다고 주장한다. 그러나 상담자는 내담자가 그 문제로 인해 현시점에서 어떤 고통, 즉 증상을

경험하고 있는지에 특히 주목해야 한다.

- 변화는 삶에서 항상 일어난다. 상담자는 상담에서 경험하게 되는 작은 변화의 성공 경험이 새로운 결과를 가져올 수 있음을 확신해야 한다. 희망을 잃고 정체된 내담자에게도 변화는 일어날 수 있다. 이번 상담이 아니라더라도 내담자에게 문제를 개선할 기회가 충분히 있다는 확신을 가질 때 상담자는 더 여유롭게 내담자의 문제를 바라볼 수 있다.

내담자의 잠재력에 주목하라

동화 『아기코끼리 덤보』는 귀만 크고 코가 짧아서 동료들에게 배척당하는 코끼리의 이야기다. 그는 짧은 코로 인해 제대로 기능할 수 없었고, 쓸데없이 크기만 한 귀로 조롱받곤 하였다. 그런데 하늘을 날 수 있는 마법의 깃털이 그에게 꽂히자, 그는 큰 귀를 이용해 날아오를 수 있었고 여러 가지 모험을 하면서 친구들을 도왔다. 나중에는 귀를 너무 세게 펄럭이는 바람에 마법의 깃털이 떨어져 나갔지만, 그 후에도 계속 날 수 있었다. 상담자는 내담자의 잠재된 능력에 마법의 깃털을 꽂아 주는 존재다. 내담자는 상담실 안에서 자신의 능력을 발견한 후 비로소 날아오를 수 있다.

3) 단기상담 vs. 장기상담

Budman과 Gurman(1988)이 제시한 [그림 2-1]의 그래프는 단기상담의 특징을 잘 보여 준다. 상담자는 이 그래프를 자신의 상담 경험에 연결 지어 상상해 봄으로써 단기상담이 어떤 방향으로 전개되

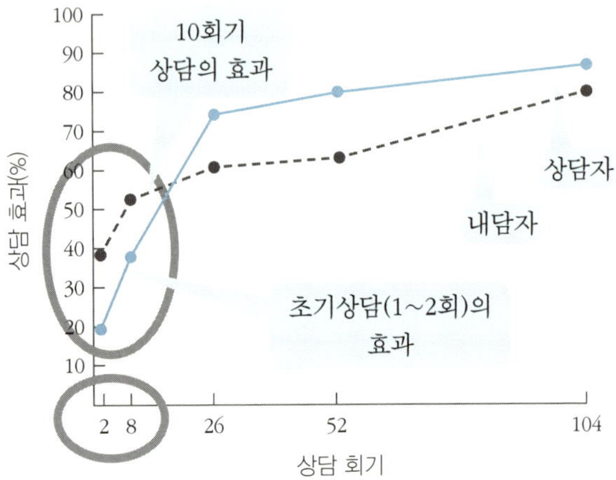

[그림 2-1] 상담 회기 vs. 상담 효과

는지 쉽게 이해할 수 있다.

먼저 [그림 2-1]의 그래프를 설명하자면, 그래프에서 가로축은 상담 회기 수이고 세로축은 상담 효과, 즉 내담자의 변화 정도를 의미한다. 점선은 내담자가 주관적으로 보고한 자신의 변화이고, 실선은 상담자나 관찰자가 평가한 내담자의 변화다. [그림 2-1]에 의하면, 104회기, 즉 약 2년간 상담을 진행하면 80~90%의 효과가 발생하는데 이것은 상담 기간과 효과가 정비례함을 보여 준다. 이 말은 반대로 만약 2년이나 상담하였는데도 이 정도의 결과가 나오지 않는다면 그 상담은 방향성부터 다시 검토하여야 함을 의미한다.

[그림 2-1]의 그래프에서 단기상담은 1~10회기 정도의 영역이다. [그림 2-1]에서 알 수 있듯이, 2회기에서 내담자는 자신이 40% 정도 좋아졌다고 주관적으로 보고한다. 이 결과를 놓고 볼 때 상담자는 초기에 어떤 역할을 해야 할지 고민할 필요가 있다. 상담자가

공감과 수용의 자세로 내담자의 현재 상태와 호소문제를 탐색하는데 힘쓴다면 이런 결과는 충분히 가능할 것이다. 게다가 내담자는 상담을 받으러 오기까지 고립되고 소외된 상태였을 것이고, 초기상담에서 자신을 개방하면서 수용되는 경험을 하였을 것이다. 따라서 단기상담자는 이러한 초기 효과를 얻기 위해 어떤 전략을 적용해야 할지 준비해야 한다.

그러나 이 기간 이후에 상담자는 저항에 마주할 확률이 높아진다. 2회기 이후는 내담자가 40% 정도의 주관적인 만족을 경험하게 되면서부터 지금까지의 극적인 변화는 정체되어 버린다. 불연속적으로 변화하는 인간의 신체적 · 심리적 변화와 마찬가지로 상담의 과정도 일련의 연속적인 변화가 아닌 불연속적인 변화로 이루어지며 이 시기에 일련의 휴지기, 즉 저항이 나타나는 셈이다.

이러한 측면은 내담자의 관점에서 좀 더 들여다볼 필요가 있다. 한 내담자가 일상에서 소외와 단절로 인해 고독을 경험하다가 상담을 받으러 온다. 그는 가족, 동료, 친구들로부터 고립된 경험을 상담자에게 개방함으로써 일시적이나마 위안과 회복을 경험하게 된다. 이때부터 그는 자신을 더 성장시키려 노력하기도 하지만 반대로 좀 나아졌기 때문에 더 노력할 필요가 있을지에 대해 무의식적인 저항을 하게 된다. 마치 급성 통증으로 응급실을 찾아온 환자가 치료를 받고 통증이 사라진 후 예약해 둔 수술 날짜가 다가오자 수술을 취소해 버리는 것과 같다. 상담을 계속 받는다는 것은 그동안 켜켜이 쌓아 둔 상처를 다루는 것이다. 이런 상처를 다시 들여다보는 것은 참으로 고통스러운 일이기에 그는 무의식적으로 저항하게 된다.

처음부터 저항이 나타나는 비자발적인 내담자와 달리 자발적인 내담자는 1, 2회기의 탐색적인 상담 참여 후인 3, 4회기 이후에 본격적으로 저항하는 경우가 많다. 첫 회기에는 상담자의 얼굴도 기억하지 못할 정도로 여유가 없었던 내담자는 회기가 거듭되면서 안정을 찾게 된다. 제3장에서 다루겠지만 내담자가 다시 평형을 유지하게 된 증거는 상담자에 대한 관심의 증가에서 쉽게 찾을 수 있다. 여유를 되찾은 내담자는 상담자에게 '결혼은 하였는가?' '어느 대학을 나왔는가?' '상담 자격증은 있는가?'와 같은 질문을 하거나 상담 시간을 바꾸기도 하고 바쁜 일정을 핑계로 취소하는 행동을 보인다. 이러한 저항이나 의존적인 행동들은 내담자의 일상에서의 부적응적인 행동패턴과 연결될 수 있으므로 상담자는 초반 2회기 이후에 저항이 어떻게 나타나는지 잘 관찰해야 한다.

다시 [그림 2-1]의 그래프로 돌아가서 8회기에 초점을 맞춰 보자. 이때 주관적 효과는 약 55%, 객관적 효과는 약 40% 정도이며 결국 10회기가 지나도 상담의 주관적 효과는 55~60%에 불과하다. 상담이 1, 2회기의 약 40%에서 불과 15~20% 높아진 10회기에 종결되어야 한다면 상담자는 그 기간 동안 어떤 역할을 수행해야 할 것인가? 결국 10회기 종결이란 내담자로 하여금 55~60% 이후의 효과를 일상에서 스스로 채워 나가야 함을 의미한다. 단기상담은 결국 부분적인 변화, 미완의 변화를 내포한다. 만약 상담자가 90% 이상의 변화를 기대한다면 그 상담은 장기적으로 갈 수밖에 없다.

상담에서 벚꽃의 꽃말은 '저항'

대학상담의 경우 이러한 회기 대비 저항의 양상이 극명하게 나타난다. 신학기가 시작되고 1~2주 망설이다가 상담을 신청한 학생이 있다. 상담이 시작되고 몇 회기가 지나면 그는 자신을 더 깊이 탐색하는 갈림길에서 무의식적인 불안을 경험하게 된다. 그러던 중 중간고사 기간이 다가오면 내담자는 "제가 시험을 준비해야 해서 한 주만 쉬겠습니다."라고 요청한다. 그러나 내담자는 공부에 몰입하기보다 일상의 실패를 거듭하게 된다. 중간고사를 망치고 나면 학교는 학과나 동아리 축제로 분위기가 바뀌게 되는데, 이때 내담자는 또 다른 핑곗거리로 상담을 취소할 수 있다. 그 후 진행되는 상담은 분위기가 가라앉은 상태로 원점에서 다시 시작해야 하는 딜레마에 봉착하게 된다. 마치 헬스장에서 PT를 받다가 1~2주 중단한 경우 다시 처음으로 돌아가는 것과 같다. 결국 봄학기 상담은 벚꽃 피는 시기와, 가을학기 상담은 단풍과의 싸움(?)이 될 것이다. 상담자의 달력에서 벚꽃의 꽃말은 '저항'이 아닐까? 봄학기 초반에 대기자로 가득하던 학생상담센터는 벚꽃과 함께 치열한 저항의 시기에 들어선다. 상담자는 이 저항을 어떻게 극복할 것인가?

토의해 봅시다

단기상담에 대한 자신의 생각과 태도를 탐색해 보자. 나 자신은 어떤 관점으로 상담을 수행하고 있는가? 나의 상담관은 실제 상담 장면에서 어떻게 작용되고 있는가?

단기상담은 그저 상담 기간의 길고 짧음의 문제가 아니다. 상담자는 단기상담의 관점을 이해하고 받아들이도록 노력해야 한다. 그때 비로소 적절한 상담기법을 사용할 수 있기 때문이다. 이러한 노력을 위해 나 자신은 무엇을 해야 하는지 토의해 보자.

2. 단기상담의 역사

이 시점에서 단기상담의 역사를 살펴보는 것은 앞으로 상담의 미래를 준비하는 데 도움이 될 것이다. 과거로부터 현재까지 이론의 흐름이 어떻게 변천되어 왔는지를 살펴보는 것은 단기상담의 현재와 미래를 가늠할 수 있기 때문이다.

1960년대 이후 태동한 단기상담은 정신병리와 정신건강, 감정의 정화와 격려, 문제의 원인과 해결책이라는 차원에서 논쟁과 균형을 거듭하며 발전해 왔다. 한마디로 정리하면, 단기상담의 발달사는 미래 지향성과 과거 치유 간의 타협의 과정이라고 할 수 있다. 그 과정에서 어떤 개념은 수용되고 받아들여졌지만 또 다른 개념은 수정되거나 소멸되었다. Presbury, Echterling과 McKee(2008)는 단기상담의 역사적 흐름을 인공두뇌공학(cybernetics), MRI 학파와 Milton Erickson, Steve de Shazer와 BTC, 그리고 단기상담의 미래적 관점에서 다음과 같이 정리하였다.

상담의 태동기에는 대부분의 상담이 단기로 진행되었다. Freud의 초기 문헌에도 분석 기간은 6회기 정도라고 언급될 정도였지만, 점차적으로 분석 단위가 증가하면서 정신분석에서도 회기가 늘어나기 시작하였다. 나중에는 정신병리와 정신건강 중 어느 쪽에 초점을 더 둘 것인가도 관심의 대상이 되었고, 이에 따라 감정의 정화에 초점을 둘지 미래 지향적인 방향에 더 무게를 둘 것인지로 관점이 확대되어 갔다.

1960년대의 인공두뇌공학, 1970년대의 MRI, 그리고 Erickson은 단기상담의 이론과 실제에 큰 영향을 미쳤다. 단기상담의 본류는 인공두뇌공학으로부터 시작되었다. 그리스어 조타수(kybernetes)로부터 파생된 인공두뇌체계는 목표를 향한 의도적이고 자기구성적인 실체를 의미한다. 이 이론은 평형 상태를 유지할 것인지 목표를 향해 나갈 것인지에 관한 자기교정적 정보를 받아들이는 피드백 회로에 관심을 두고 있다. 인간을 환경에 수동적으로 반응하는 존재이자 목표지향적이며 목적론적인 존재로 본 것이다.

Becvar와 Becvar(2003)에 의하면, 초기에 William Bateson은 인공두뇌 개념에 관심을 갖고 행동과학에 공학과 수학의 개념을 적용하였다(Becvar & Becvar, 2003). 점차적으로 John Weakland, Jay Haley, Don Jackson 등과 인공두뇌 관점에서 의사소통을 연구하였고, 나중에 Jackson은 정신건강센터(Mental Research Institute: MRI)를 설립하고 Virginia Satir, Paul Watzlawick 등과 합류하였다(Prochaska & Norcross, 2007).

Watzlawick, Beavin과 Jackson(1967)은 인간의 의사소통을 분석하여 단기상담의 이론을 구축하고 MRI에 단기치료센터(Brief Therapy Center)를 개소하였다(Weakland & Fisch, 1992). Weakland, Haley, Richard Fisch 등도 이 그룹에 합류하였으며 그들은 Erickson과도 교류하였다. MRI의 성과는 의사소통과 변화가 심리치료에 어떻게 영향을 미치는가에 대한 것이다. 당시 심리치료 분야의 주된 흐름은 내담자 문제의 원인을 병인론적 관점에서 규명하는 것인데 반해, 이들은 의사소통의 방식이 문제에 미치는 영향에 관심을 가졌다.

『변화: 문제 형성과 해결의 원리』는 Watzlawick, Weakland와 Fisch(1974)가 집대성한 저술이다. 여기서는 특정한 의사소통 양식이 어떻게 문제 해결을 저해하는지에 대한 치료 모델을 제시하였다. MRI 집단은 역기능적 의사소통 유형의 원인보다 무엇이 문제를 유지하고 어떻게 작용하는가에 관심이 있었다. Haley(1973)는 심리치료는 전략이어야 하고 상담목표를 향한 의도적이고 직접적인 작업이 필요하다고 하였다.

점차적으로 발전한 MRI 학파는 현대 단기상담의 기초를 마련하는 데 크게 기여하였다. 그들은 상담에서 문제의 원인을 탐색하거나 감정을 표현하기보다 내담자의 저항을 자원으로 활용해야 한다는 Erickson의 견해에도 동의하였다. Erickson은 병리의 해결보다 미래의 가능성을 활용하고 절정경험을 개념화함으로써 단기상담 분야에 큰 영향을 미쳤다. 이들은 상담이 효과적이지 못한 이유를 내담자에게 성급한 해결책을 제시하거나, 내담자의 상태나 준거 틀을 이해하지 못하거나, 효과적인 치료 과정을 이끌지 못한 것으로 보았다.

Erickson, Haley, Bateson, Watzlawick, MRI의 계보를 잇는 de Shazer는 문제를 유지하는 원인보다 해결책에 관심을 가졌고, 후에 단기가족치료센터(Brief Family Therapy Center)를 설립하였다. 그는 문제와 해결책이 서로 다름을 활용하여 문제의 예외 상황에 초점을 맞추었다(de Shazer, 1991). 호소문제와 분리될 수 있을 때 상담이 창의적인 방향으로 나아갈 수 있다는 관점은 오늘날 단기상담에 큰 영향을 미쳤다.

Lipchik(2002)은 질문 기법 중심인 해결중심단기상담에서 내담자와 상담자 간의 치료적 관계를 더 강조하였다. 그에 의하면, 단기란 상담자와 내담자 간의 만남의 부산물일 뿐이며, 시간과 비용을 절약하기 위해 가능한 한 효과적으로 상담하려고 하는 상담자의 '태도'다. 그는 Anne Sullivan의 이론을 해결중심단기상담에 재적용하여 협력관계의 중요성, 내담자의 독특성, 정서의 가치 등을 강조하였다.

이러한 관점의 변화 과정은 오늘날 단기상담이라는 명칭을 사용하는 수많은 상담자에게 지난 150여 년의 누적된 상담이론과 기술 중에서 중요한 가치가 무엇인지 돌아보게 한다. 지식정보가 넘치는 21세기에 단기상담의 좌표와 방향은 무엇이며, 상담자는 어떤 기술과 관점으로 준비해야 하는지 고민해 볼 때다.

토의해 봅시다

단기상담의 역사를 토대로 이 분야의 미래는 어떻게 달라질 것인지, 상담자는 어떤 이론과 기술을 갖추어야 할 것인지 토의해 보자. 자신이 할 수 있는 단기상담 훈련의 구체적인 방법을 고안해 보고 이를 소개해 보자.

3. 단기상담의 특징

단기상담은 어떤 특징을 갖고 있는가? 이것을 한두 단어로 정의하기란 어려운 일이다. 여기서는 여러 문헌을 참고하여 몇 가지 특징을 요약해서 제시한다.

1) 작은 변화의 성공 경험

단기상담의 특징을 한마디로 정의하기는 어렵지만, 여러 학자의 주장을 종합해 볼 때 '작은 변화의 성공 경험'을 추구한다는 점이다. 단기상담은 내담자의 큰 변화를 추구하기보다 적은 회기에 적합한 작은 변화에 도달하는 것을 일차적인 목표로 한다.

종종 내담자나 상담 의뢰인이 상담에 대해 높은 기대를 갖는 경우가 있다. 이때 상담자는 내담자와 의뢰인에게 제한된 상담 회기를 통하여 변화시키는 것은 한계가 있음을 알려야 한다. 그러나 초심상담자들은 빠른 효과를 얻기 위해 과도한 목표를 수립하거나 급하게 상담을 수행하기도 한다.

단기상담은 파급효과(ripple effect)를 전제로 한다. 즉, 호수에 물방울이 떨어졌을 때 물결이 호수의 가장자리까지 도달할 수 있는 것처럼 상담에서의 작은 변화가 다른 변화들로 이어지도록 하는 것이다. 상담을 통해 내담자가 깨달음을 얻거나 성취감을 맛보는 작은 경험이 점차 큰 효과로 확산되는 것이다.

예를 들면, 대인관계에 어려움이 있는 내담자에게 긍정적 자아개념 만들기와 같은 목표는 제한된 기간 내에 도달하기 어렵다. 건강한 대인관계의 방법을 가까운 사람에게 적용할 수 있도록 목표를 설정할 때 그는 긍정적 자아개념으로 변화할 단초를 마련하게 된다.

기약분수와 같은 상담목표

상담목표를 설정할 때 주어진 회기를 넘어선 거대한 목표를 설정하거나 모호한 개념으로 목표를 설정하는 경우가 있다. 예를 들면, '긍정적 자아개념 만들기' '신앙 안에서 나다움을 찾기'와 같은 것이다. 이러한 목표는 10회기라는 제한된 기간에 도달하기 어렵고, 어떻게 보면 평생의 목표가 될 수도 있다.

기약분수는 더 이상 약분될 수 없는 분수를 의미한다. 예를 들어, 40/100을 약분하면 20/50, 4/10, 2/5까지 약분되는데, 이때 2/5는 더 약분될 수 없기 때문에 이를 기약분수라고 한다. 상담목표는 이처럼 가장 작은 목표로 설정하는 것이 효과적이다. 왜냐하면 내담자에게 구체적이고 가시적이면서 실행 가능성이 높은 목표로 다가올 수 있고, 상담자에게도 상담의 종결을 가시화할 수 있기 때문이다.

2) 1차원적 변화 vs. 2차원적 변화

일반상담도 마찬가지겠지만, 단기상담의 또 다른 특징은 2차원적 변화(second-order change)를 지향한다는 점이다. 내담자는 늘 같은 방식으로 문제에 대처해 왔다(1차원적 변화). 1차원적 변화는 논리적인 문제 해결 방법이다. 공부가 안될 때 학습 시간을 늘리고 더 완벽한 태도를 유지하려고 노력하거나, 친구가 없을 때 학업 실력을 키워 좋은 학교에 진학하려고만 애쓰는 것과 같다.

2차원적 변화는 시스템 자체를 변화시키는, 이른바 변화 방법의 변화(meta change)를 의미한다. 즉, 새로운 대인관계 능력을 갖거나 가족 간 의사소통 방식을 변화시키는 것이 여기에 해당된다. 만약 대학생 내담자의 가족이 이혼, 알코올중독, 가출 등을 경험하고 있다면, 상담자는 그를 가족체계로 돌아가게 하기보다는 사회라는 외부세계로 나아갈 수 있도록 도울 수도 있다. 상담자는 내담자가 그동안 사용해 온 1차원적 변화의 방법들을 탐색해 본 후 2차원적 변화를 모색하고 적용시켜야 할 것이다.

결론적으로, 상담은 2차원적 변화가 중요하므로, 상담자는 내담자의 2차원적 변화를 유도하여야 한다. 가족 환경을 한탄하고 원망만 하기보다 새로운 사회구성원들과의 건강한 관계를 도와주는 것이 필요할 수 있기 때문이다. 상담자는 내담자의 갈등 관계가 1차원적 변화와 2차원적 변화 중 어느 것인지 빨리 파악할 필요가 있다. '어떤 방식으로 살고 있는가?'와 같은 화두를 던지고 통찰하는 방식이 아니라, 내담자가 소소한 삶의 사건에서 대처하는 구체적인 방법들을 찾아내야 한다.

휴학하는 대학생의 사례

대학생의 경우 휴학을 하려는 학생을 잘 관찰해 보면, 경제적 문제나 질병보다 인간관계가 빈곤해지고 고립되어 휴학을 선택하는 경우가 많다. 그는 이런 상황을 극복하기 위해 빨리 성공할 수 있는 고시 준비에 올인하게 된다. 그에게 고시는 일종의 권력 욕구와 연결된다. 같이 밥 먹을 친구도 없지만 찌질한 동료들과 어울리기는 더 싫기에 고시 합격을 통해 성취 경험을 느끼고 과시하고 싶은 것이다. 이것은 1차원적 변화, 즉 논리적 문제해결 방법에 해당한다. 결국 그는 타인과 어울리기 위해 노력하기보다 철수하거나 회피하고 신체화 증상을 경험하게 된다.

이것은 마치 침몰하는 타이타닉호의 혼란스러운 갑판에서 의자를 정돈하는 본래의 역할에만 충실하려고 뛰어다니는 선원의 노력과 같다. 이 선원은 이리저리 뛰어다니는 사람들에 의해 의자가 흐트러질 때마다 소리 지르면서 재배치하곤 한다. 배(시스템)가 가라앉는(무너지는) 상황에서 그는 늘 해 오던 방법(1차원적 변화)만 유지하는 셈이다. 상담자는 이 내담자가 어떻게 문제를 해결해 가야 하는지를 깨닫게 할 필요가 있다.

이성교제를 호소하는 내담자의 사례

만약 캠퍼스 커플 또는 결별한 이성과의 관계를 호소하는 내담자가 있다면, 상담자는 그의 이성관계에 집중하기보다 그 관계에 안주하는 태도, 즉 다른 교우들과의 소원한 관계에 집중해야 한다. 왜냐하면 그는 이성친구와의 관계에서 관계 욕구를 상당 부분 충족하고 있기 때문이다. 이때 상담자의 역할은 이성관계를 넘어 절친을 만들어 주는 것이 아니다. 그의 인적 자원들과의 관계를 이해하고 다른 대처 방법을 찾도록 도와주어야 한다.

결국 단기상담은 문제를 지속시키는 무엇이 내담자에게 작용하고 있는가를 파악하고, 그가 사용해 온 1차원적 변화의 방식을 붕괴시키기 위해, 즉 2차원적 변화로 바꾸기 위해 어떻게 해야 하는가를 다루는 것이다. 따라서 상담자의 역할은 과거의 탐색에 머무르지 않고 미래를 지향하면서 2차원적 변화를 가져오게 도와야 한다. 좋은 해결책을 제시하거나 지지, 격려에 머물지 않고, 그를 더 혼란스럽게 만들어야 한다. 어떻게 보면 공감도 그의 내면을 깊이 들여다보게 하고 혼란을 촉진하는 도구다. 내담자가 "친구가 없어 외롭다."라고 할 때 친구 사귀는 방법을 찾아 주는 것이 아니라, "친구를 사귀려 해도 또 실패할까 봐 두려워서 아예 시도도 못 하는구나."라고 공감해 줄 때, 그가 자신만의 방식으로 만들어 온 세계를 흔들어 놓을 수 있다.

2차원적 변화에서 희망을 찾아라

상담자는 2차원적 변화의 관점을 가져야 한다. [그림 2-2]가 무엇으로 보이는가? 처음에는 그저 의미 없는 서로 다른 크기의 블록들의 나열로 보일 것이다. 블록이 아닌 더 의미 있는 무엇인가를 상상해 본다면 이 그림은 특정한 글자로 나타날 것이다. 2차원적 변화의 관점에서 그림을 바라보면 블록 뒤의 배경이 글자임을 알 수 있다.

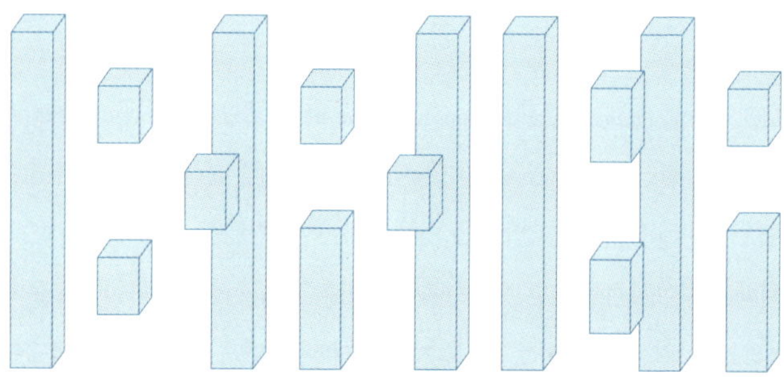

[그림 2-2] 2차원적 변화

3) 인간관계 탐색

상담은 기본적으로 인간관계의 학문이다. 내담자들은 어릴 때부터 또는 문제가 발생한 시점부터 관계 갈등을 경험하므로, 상담자는 상담 초기부터 그의 인간관계를 탐색하는 데 초점을 맞춰야 한다.

좋은 인간관계는 단순히 노력해서 얻어지는 결과가 아니다. 어린 시절의 애착 경험, 성장 과정에서의 모델링과 강화, 효능감이 발생하는 직간접적인 성공 또는 실패 경험 등이 현재의 인간관계를 만든다. 좋은 인간관계가 유지되는 사람은 더 생산적으로 삶을 살 수 있고 성숙한 관계를 만들어 갈 수 있으며 자신의 욕구를 제어할 수 있지만, 그렇지 못한 내담자는 현재를 지금까지 나름 터득해 온 방식으로 좌충우돌하면서 살아간다.

상담자는 내담자의 현재 시점의 인간관계부터 탐색한 후 점차적으로 과거의 관계 경험을 탐색해 간다. 간혹 내담자는 과거 자신에게 상처를 준 인간관계부터 호소하곤 한다. 과거는 이미 지나간 경험의 흔적인 만큼 상담자는 그 경험이 현재 상태에서 어떤 수준의 인간관계로 나타나고 있는지에 더 관심을 갖고 현재를 탐색하는 데 힘써야 한다.

어떤 내담자는 자신의 인간관계보다 우울이나 강박, 불안, 무기력 같은 개인 내적인 문제만 다루기를 원한다고 호소한다. 그러나 앞에서 언급하였듯이, 상담은 인간관계를 다루는 학문임을 명심해야 한다. 상담자가 더 탐색해 가다 보면 이런 내담자에게도 숨겨진 인간관계, 갈등의 대상이 나타나게 된다. 상담자가 그로부터 관계적 측면의 문제를 발굴해야 한다.

인간관계는 거대한 거미줄이 아니다. 상담자는 내담자의 일상이나 기억에 주로 또는 자주 얽히는 사람 대여섯 명만 찾아도 된다. 예를 들면, 부모와 형제, 배우자, 친구나 직장 동료 한두 명에 대한 정보만으로도 인간관계 영역은 충분히 파악될 것이다. 상담자는 이런 사람들과의 구체적인 관계 방식, 정확히는 갈등 대처 방식을 초기 1, 2회기 때 집중적으로 찾아내는 데 힘써야 한다. '외롭다' '휴학하고 싶다' '이직하고 싶다' 같은 호소문제를 직접 해결해 주는 것이 아니라 내담자의 인간관계를 구체적으로 파악해 갈 때 보다 근본적인 문제를 목표로 설정할 수 있다. '학교(직장)에서 누구와 밥을 먹는가?' '왜 그 사람인가?' '어떻게 밥을 먹는가?'를 다루어야 한다. '여가시간을 누구와 어떻게 보내는가?'로부터 '왜 그렇게밖에 보낼 수 없는가?'까지 다룰 때 그의 인간관계의 속성이 낱낱이 밝혀지게 된다.

현재의 인간관계부터 탐색하라

상담에서 현재의 인간관계 파악을 간과할 때 어떤 일이 일어날 수 있을까? 한 상담자는 1회기부터 가계도를 그리고 면담을 이어 갔다. 그런데 5회기쯤 되었을 때 내담자가 가계도에 없던 자신의 여동생을 언급하기 시작하였다. 가계도에서 왜 동생을 그리지 않았는지 묻자, 내담자는 "제가 빠트렸나 보죠?"하며 모른 척하며 되물었다. 이처럼 가계도는 내담자의 과거의 흔적을 다루는 방법이므로 상담자는 유의해서 활용해야 한다.

4) 경제성 요인

상담자가 고려해야 할 또 다른 주제는 경제성 요인이다. 단기상담의 관점에서 상담자는 내담자를 오랫동안 상담하면서 더 많은 도움을 줄 것인지, 혹시 기간만 더 늘리는 것은 아닌지 고민해야 한다. 만약 상담자가 경제성을 고려하지 않고 무료 서비스를 제공할 여유가 충분하거나 내담자가 상담 비용이나 시간을 무한히 투자할 수 있다면 상황은 다르겠지만, 그렇지 않다면 상담자는 기간 대비 상담 효과에 대한 관점을 수정해야 할 것이다.

경제성 원칙은 단순히 이윤을 추구하는 상업적 관점과는 다르다. 상담자는 내담자의 호소문제를 해결하는 단순한 해결사가 아닌, 호소문제의 원인으로부터 그의 인간성을 회복하고 미래지향적인 해결책을 찾아 주는 전문조력가가 되어야 한다. '과업은 할당된 시간에 비례해서 늘어난다'는 Parkinson의 법칙과 같이, 무한 조력을 위해 무한 시간을 할애하는 자기애적 자세는 피해야 할 것이다. Ockham의 면도날(Ockham's razor) 개념을 빌리자면, 가장 단순한 답은 항상 존재한다.

Ockham의 면도날

Ockham의 면도날은 이론을 구성할 때 불필요한 가설은 되도록 제거해야 한다는 원리다. 진중권(2012)에 따르면, 이 원칙은 스콜라 철학자 William Ockham 혹은 그 이전의 Francesco 수사의 저서에서 유래한 것으로 알려져 있다. Ockham은 "더 적은 수(의 가설)로 할 수 있는 것을 많은 수(의 가설)로 하는 것은 쓸데없는 짓이다."라고 하였다. 19세기의 수학자 William Hamilton은 인색함의 원칙(lex parsimoniae)을 Ockham과 결부시켰고, John Stuart Mill이 이를 인용함으로써 이 원칙은 오늘날의 이름을 갖게 되었다. '진리는 왜 단순한가?'에 대한 해답은 철학자 Aristotle의 '자연은 짧은 경로를 선호한다.'라는 명제에서 찾을 수 있다. 점 A와 B를 잇는 가장 짧은 선은 직선이다. 단기상담은 내담자의 호소문제를 명료화하여 최적의 단순한 답을 지향한다.

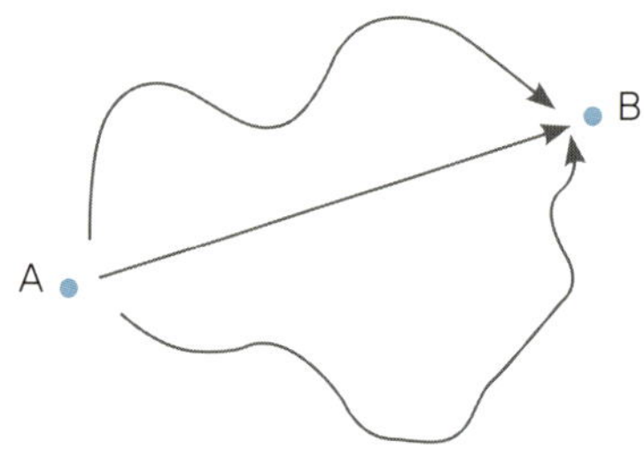

[그림 2-3] Ockham의 면도날

토의해 봅시다

앞에서 나열한 단기상담의 특징들을 나 자신의 상담 방향이나 상담자 역할에 연결해서 비교해 보자. 나는 어떤 관점에서 상담을 수행하고 있는가? 상담자로서의 나의 역할은 단기상담의 원리에 비추어 볼 때 적절한가?

4. 단기상담의 과제

단기상담의 과거로부터 현재에 이른 지금의 시점에서 향후 과제는 어떠해야 할 것인가? 근래에는 상담의 이론과 실제를 통합하려는 시도가 계속되고 있다. Presbury, Echterling과 McKee(2008)는 여러 이론을 포함하면서 특정 이론이나 기법에 집착하지 않는 개방되고 유연한 자세를 통합적 접근으로 정의하였다. 통합적 접근은 가장 훌륭한 이론을 찾기보다 각 이론의 고유성을 인정하고 교류하는 것을 지향한다. 상담자는 한두 이론에 숙달되고 그 이론을 발전시키는 과정과 더불어 기존의 여러 이론을 흡수하고 재생산하는 과정에서 점차 통합된 존재로 발전한다. 이것은 일종의 '포스트모던'적인 자세로서, 고정된 진리를 가정하지 않고 내담자가 자신을 무엇이 옳고 진실된 것인지를 구성할 수 있는 존재로 본다(Neimeyer & Stewart, 2000).

여기에서는 상담자가 기존에 개발된 상담이론들을 어떻게 통합하여 현재와 미래 시점에서 사용할 것인가를 다룰 것이다.

통합적 접근의 상담자는 현상학적 접근에 따라 내담자의 세계관을 이해하려고 노력하며, 내담자의 경험에 필요한 상담기법을 적절히 활용할 수 있어야 한다. 그러나 이러한 자세는 절충주의적인 태도와 구분될 필요가 있다. Corey(2005)는 이론적 근거 없이 효과적으로 보이는 기법을 무분별하게 적용하는 태도를 경계하였다. 이런 접근은 독단적 교조주의와 다를 바 없다. 결국 상담자는 근거 없이 기법들만 가져다 쓰는 것이 아니라, 상담자 자신이 이론이고 이론이

곧 자신인 고유한 이론적 정체성을 가진 존재로 내담자에게 다가가야 할 것이다.

〈표 2-1〉은 상담자가 서로 다른 상담이론들을 어떻게 조화시켜야 하는지를 보여 준다. Presbury, Echterling과 McKee(2008)는 상호 독립적인 상담 접근을 8개의 상호작용 수준으로 구성해서 위계적으로 연결 지었다. 그 내용을 소개하면 다음과 같다.

표 2-1 상담 접근의 통합적 위계모형

상담 접근	기본가정	핵심문제	가능한 개입
신경적 접근	모든 문제는 뇌/신체 수준에서 발생한다.	뉴런이나 뉴런 네트워크의 기능 장애	약물치료, 뇌수술, 상담을 통한 뇌기능 변화
행동적 접근	인간은 반응적 기제다.	특정 맥락에서 과도하거나 부족한 행동	행동수정, 체계적 둔감법
사회학습적 접근	인간은 본보기를 통해 배운다.	나쁜 모델로 인한 잘못된 태도와 행동	주장 훈련, 적절한 모델링
정신역동적 접근	초기경험에 의해 인간은 약해지거나 경직된다.	트라우마나 잘못된 돌봄에 의해 야기된 고착화	분석, 정화, 해석
인지적 접근	사건으로 인한 신념이 정서를 만든다.	비합리적이고 비현실적인 사고	신념에 대한 논박, 자기진술에 대한 분석
인본주의적 접근	인간은 결핍욕구뿐 아니라 존재욕구를 가진 존재다.	타인에게 수용받지 못한 존재감의 부인	무조건적 긍정적 관심, 자기수용의 장려
실존적 접근	인간은 용기 있게 살 필요가 있으며, 그렇지 못할 경우에 소외된다.	삶의 기본적 조건에 대한 맞닥뜨림의 실패	참만남 경험, 삶의 의미 찾기
체계적 접근	인간은 병든 체계에 적응할 때 병든다.	역기능적 가족체계	가족치료, 옹호와 원조

출처: Presbury, Echterling, & McKee (2008): 강진구 외(2014)에서 재인용.

1) 신경적 접근

신경적 접근의 기본가정은 인간의 뇌와 신체 수준에 의해 문제가 발생한다는 것이다. 신경체계는 인간이 의식할 수 없는 영역으로서, 여기에는 체온 유지, 혈당 순환, 신경전달물질 생성, 기억의 부호화 등의 기능이 포함된다. 이 접근에서는 감정이나 욕구가 나타나거나 역기능적 행동을 하게 되는 것은 뇌가 제대로 기능하지 못하기 때문으로 본다. 뇌의 뉴런, 신경네트워크, 신경전달물질 등에 문제가 발생될 때 증상이 나타나므로 상담자는 심리적 개입뿐 아니라 약물 투여나 신경외과 치료와 같은 의료처치로 영역을 확장시켜야 한다.

ADHD나 급성 우울, 불안, 조현 증상 등의 경우 심리상담만으로는 다루기 어렵다. 초심상담자는 심리상담과 신경증 접근의 경계가 명확하지 않아서 그저 열심히 상담만 수행하려고 한다. 상담의 역할은 심리치료뿐 아니라 의뢰, 보호, 한계의 인식까지 포함된다는 것을 잊어서는 안 된다. 따라서 상담자는 내담자의 정신건강 상태에 따라 상담 외에 약물치료가 필요한지를 파악하여야 한다.

2) 행동적 접근

행동적 접근에서는 인간의 마음보다 관찰 가능한 행동에 주의를 기울인다. 조건화된 경험에 의해 기쁨, 두려움 등의 감정이 연결되고 그러한 행동은 학습에 의해 더 강화된다. 이 접근에서 문제란 특정한 맥락에서 너무 지나치거나 부족한 행동이다. 따라서 상담자는 체계적 둔감화나 노출, 행동수정 등의 개입을 통해 행동을 변화시킨다.

학급에서 문제를 일으키거나 바람직하지 못한 행동을 하는 아동 · 청소년은 어린 시절부터 가정이라는 거대한 배움터에서 온갖 사소한 경험이 학습과 강화에 의해 조건화된 상태로 학교에 온 셈이다. 상담자는 학습된 그의 경험들을 행동수정의 방법으로 재학습시키는 전략을 활용할 수 있어야 한다. 따라서 상담자는 행동수정의 원리가 내담자의 삶의 터전에 어떻게 기능하고 있는지를 면밀히 파악할 필요가 있다.

3) 사회학습적 접근

사회학습적 접근에서는 사회적 존재인 인간이 모방을 통해 문제를 해결한다고 가정한다. 인간은 상호의존적으로 타인과 서로 연결되어 있기에 모방을 통한 대리강화로 학습할 수 있는 존재다. 이 접근에서 볼 때 대부분의 문제는 불건강한 모델로부터 배운 태도와 행동의 결과이다.

내담자의 문제행동, 예를 들면 대인관계 갈등에 파국적으로 대처하거나, 잘못된 생활습관에 의해 경제적 위기에 봉착하는 대부분의 행동은 중요한 대상인 가족과의 경험에서 학습한 태도와 행동으로 유추할 수 있다. 따라서 상담자는 상담 장면을 긍정적 모방학습의 장으로 활용해서 주장 훈련 등 올바른 대인관계 능력을 높이는 데 힘써야 한다. 그러기 위해서는 먼저 상담자 자신이 건강한 심리적 자세와 생활 태도를 유지할 수 있어야 한다.

4) 정신역동적 접근

정신역동적 접근에서는 어린 시절의 경험이 성인기의 문제와 대인관계에 영향을 미친다고 가정한다. 부적절한 양육 경험이나 역기능적 관계 경험은 방어기제를 습득하게 되어 성인이 되어도 타인에 대한 왜곡된 태도를 유지하게 된다고 본다. Freud는 만성적이고 심각한 문제는 성적 욕구가 고착된 결과로 보았으나, Lacan은 언어로 표현되지 못하는 욕구를 진정한 욕망으로 보고 무의식이 사회화 과정에서 작동되는 방식을 해석하였다. 이 접근에서는 저항과 전이의 분석, 해석, 통찰 등을 통한 무의식의 의식화가 중요한 치료적 작업이다.

단기상담에서는 내담자가 어린 시절 경험한 사건들을 통해 자신의 욕구를 이해하고 교정적 정서를 체험함으로써 현재 관계를 건강하게 변화시킬 수 있게 돕는다. 따라서 과거에 대한 탐색은 그 자체로서 치료적이지만 이 작업은 내담자의 현재와 미래를 변화시키는 동력으로 활용되기도 한다. 과거의 치유는 그 자체가 목적이 아니라 현재의 통찰과 미래로의 방향성까지 고려한 일련의 과정임을 이해하고 이를 상담에 활용해야 한다.

5) 인지적 접근

인지적 접근에 의하면, 문제는 특정한 정서를 만드는 인간의 신념 때문이다. 이 접근에서는 인간의 비합리적 사고와 신념이 사건을 해석하는 방식을 왜곡하고, 이러한 왜곡된 사고가 자아개념, 대인관계,

문제 해결 능력에 부정적인 영향을 미친다고 본다.

단기상담에서는 초기부터 내담자가 현재 상태에서 어떤 문제를 경험하는지, 그 경험에 어떤 잘못된 신념이나 사고가 작용하는지를 파악함으로써 그의 비효과적 행동패턴의 원인을 찾아 준다. 그러기 위해 상담자는 내담자의 자기진술을 분석하고 신념을 논박하며, 내담자로 하여금 자신의 비합리적 신념과 맞닥뜨릴 수 있도록 돕는다. 또한 상담자는 내담자의 어린 시절부터 형성된 스키마를 찾아 현재의 사고와 정서 및 행동에 미치는 영향을 분석한다. 이 과정에서 내담자는 보다 심층적인 자기이해와 수용을 경험하게 되고 행동의 변화로 이어지게 된다.

6) 인본주의적 접근

인본주의적 접근에서는 인간을 존재하고자 하는 욕구를 지닌 존재로 본다. 내담자는 어린 시절부터 경험해 온 가치의 조건이 해체되고 충분한 돌봄과 수용을 경험할 때 자아실현을 향해 나아갈 수 있다.

단기상담에서 상담자는 충분한 공감으로 내담자의 심리적 경험들을 타당화하고 그가 구속당한 가치의 조건으로부터 해방될 수 있도록 도와야 한다. 따라서 상담자는 무조건적인 긍정적 관심, 공감, 일치성을 통해 내담자가 자신의 문제를 보다 수용적으로 바라볼 수 있게 돕는다. 상담에서 제공되는 공감과 수용은 내담자의 심리적 상처를 치료하는 직접적인 도구가 되기도 하지만, 현재와 미래 관점에서 내담자가 새로운 행동을 시도하고 형성하는 데 동력을 제공하기도 한다.

7) 실존적 접근

실존적 접근에서 볼 때 인간은 인생의 의미를 찾고 실존성을 회복하며 선택에 대한 책임을 져야 하는 존재다. 자유롭게 선택할 수 있는 자유의 뒤에는 책임이 뒤따르는데, 인간은 용기와 소외 중 어느 하나를 선택해야 한다. 내담자는 삶의 문제를 회피함으로써 실존적 문제를 경험한다.

단기상담에서 상담자는 내담자와 신뢰관계를 경험하면서 그의 인생의 의미를 찾을 수 있게 돕는다. 특히 중년의 내담자에게 있어 삶의 의미를 찾는 과정은 자신의 삶을 새로운 관점에서 볼 수 있게 만든다. 즉, 상담을 통해 의미를 찾을 수 있는 능력을 얻게 됨으로써 스스로가 삶의 의미를 발견하게 되는 것이다.

8) 체계적 접근

체계적 접근에서 볼 때 병든 체계는 병든 인간을 만든다. 원가족은 내담자에게 가장 영향력 있는 과거이기에, 내담자는 원가족으로부터 만들어진 자신을 현재의 가족, 학교, 직장 등의 관계에 드러내면서 계속적으로 어떤 역할을 수행한다. 문제는 가족이나 체계가 역기능적일 때 발생하며, 그 체계 안의 개인도 역기능적으로 상호작용한다.

단기상담은 문제의 원인인 과거의 해체나 원가족 구조의 변화보다 그 사건이 현재 문제를 유지시키는 연결고리에 관심을 둔다. 즉, 내담자가 원가족의 영향으로 만들어진 현재의 습관적인 역할에서 벗어나도록 하는 것을 목표로 한다. 따라서 상담자는 내담자의 현재와 과거에 영향을 미치는 가족 환경과 과거 경험에 초점을 맞추어 탐색해야 한다.

제3장

구조화 단기상담 모형

1. 구조화 단기상담의 과정
2. 구조화 단기상담 모형의 실제

상담은 내담자가 직면한 문제를 상담자의 이론과 기술로 해결하는 일련의 조력 과정이다. 상담자는 다양한 이론을 학습하고 기법도 숙달되어야 한다. 특히 기간이 한정된 단기상담을 수행할 때는 상담 기법과 전략을 적절한 시점에 능숙하게 활용할 수 있어야 한다. 이 장에서는 구조화 단기상담 모형을 구체적으로 제시한다.

1. 구조화 단기상담의 과정

상담 시장이 확대됨에 따라 상담자에게도 보다 전문화된 능력이 요구되고 있다. 이러한 시점에서 상담자는 자신의 상담 스타일을 개발하고 심화시키는 노력과 함께 상담 계획, 문제 해결의 방향 제시 등의 구조화된 전략이 필요하다. 계획적인 상담은 내담자에게 만족감과 신뢰를 줄 뿐 아니라 상담자의 효능감도 높이기 때문이다.

단기상담의 과정이 어떠해야 할 것인가를 이해하기 위해서는 다음과 같은 질문에서부터 출발해야 할 것이다. '만약 상담 기간이 한정되어 있다면 상담자는 어떤 전략을 취해야 할까?' 상담은 불연속적인 변화의 과정이다. 내담자의 증상은 매 회기마다 변화하는 것이 아니라 문제에 대한 이해와 수용의 경험이 누적될 때 갑작스러운 통찰과 변화로 이어지는 성장 급등이 나타난다. 즉, 상담의 효과는 내담자의 고통이 새로운 관점과 맞닥뜨려질 때 그의 잠재된 에너지에 의해 발현되는 것이다.

그러나 초심상담자는 상담 과정의 모호성에 불안을 느껴 빠른 변화를 시도하거나 매 회기마다 변화를 확인하려고 애쓴다. 이러한 불안을 감소시키고 효능감을 증가시키기 위해서는 상담의 흐름을 이해하고 상담자의 역할을 구체화할 필요가 있다.

따라서 구조화된 단기상담 모형은 상담자에게 높은 효율성과 적용 가능성을 제공할 것이다. 상담자는 '마음의 여행을 떠나자.'와 같은 추상적인 제안이 아니라 구체적인 상담 방향을 제시해야 한다. 그때 상담자와 내담자 모두 상담목표에 대한 부담이 줄어들 수 있고 원하는 효과에 쉽게 도달할 수 있다. 따라서 이 시점에서 상담자는 구조화된 단기상담으로 인한 효과가 무엇이며, 그러한 효과를 가져오는 단기적인 접근 전략은 무엇인지 고려해야 한다.

1) 구조화 단기상담 모형의 필요성

상담자는 단기상담의 전 과정에 대한 기대와 예측을 할 수 있는 능력이 필요하다. 이러한 능력이 부족할 때 내담자의 문제에 휘둘리거나 상담의 효과가 떨어진다. 상담의 효과는 단기상담의 마지막 단계인 '자각과 변화 단계'에서 나타나는데, 그 전 단계에서 내담자의 문제에 상담자가 말려들기 시작하면 내담자의 변화에 도달할 수 없다. 상담자가 내담자에게 초반에 과제를 부여하거나 자기불안을 처리하지 못하면 상담 효과가 저해된다.

여기서 제안하는 구조화 단기상담 모형은 먼저 현재 상태에서 내담자의 문제나 증상을 다룬 후 문제의 원인인 과거 탐색을 거쳐 다시 현재의 자신을 각성하고 미래의 능력을 발견 또는 학습하는 일련의 과정을 포함한다([그림 3-1] 참조). 상담자는 10회 내외의 단기상담 과정을 목표의 이해 단계, 탐색과 수용 단계, 자각과 변화 단계로 나누어 각 단계에서 요구되는 상담자 역할과 핵심 과업을 분명하게 인식하면서 상담을 수행한다. 따라서 단기상담의 시제는 다음의 [그림 3-1]과 같이 현재에서 과거로, 과거에서 미래로 이행한다고 보아도 좋을 것이다.

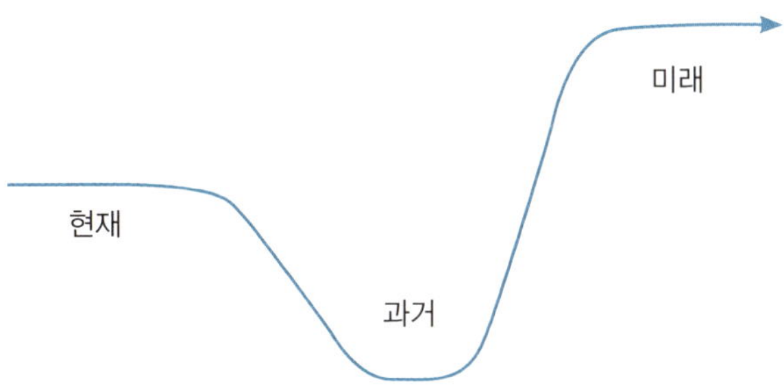

[그림 3-1] 구조화 단기상담의 시제

이러한 단계 구분은 상담자의 역할과 내담자의 '최소한의 변화'를 가정한 것이다. 일종의 구조화된 단기상담 모형(structured brief counseling model)이라고 할 수 있다. 각 단계별 상담자 역할을 간략히 형성화하면 [그림 3-2]와 같다.

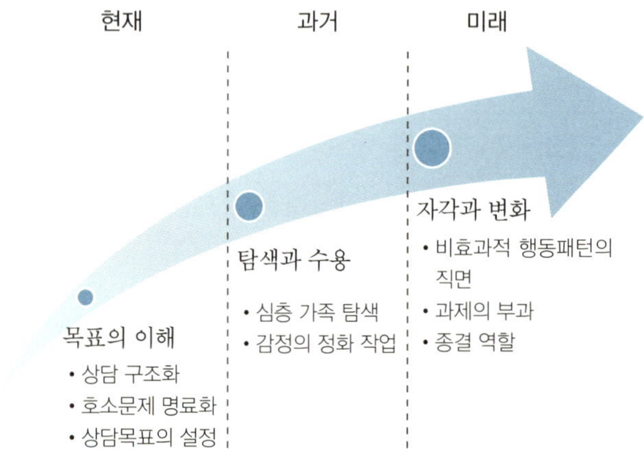

[그림 3-2] 구조화 단기상담 모형

2) 구조화 단기상담 모형의 개요

'목표의 이해 단계'에서 상담자는 내담자의 '현재'에 집중하면서 상담 구조화, 호소문제 명료화, 상담목표의 설정 작업을 수행한다. 내담자의 호소문제를 자기 자신, 사회적 관계, 가족관계, 학업 또는 직업적 능력의 네 영역으로 나누어 탐색한다. 예를 들면, 내담자가 학교에서의 교우관계 갈등을 호소하는 경우 그의 정서 경험, 대인관계의 양과 질, 가족과의 관계 갈등의 정도, 학업성적, 진로 포부, 성격이나 신체상 등도 함께 탐색한다. 상담자는 질문과 공감 기법을 활용하면서 내담자의 현재 상황을 종합적으로 이해하는 데 힘쓴다.

호소문제 명료화 작업을 통해 내담자의 자기이해가 증가될 때 상담자는 단기상담의 종결 시점에 도달할 수 있는 수준의 상담목표를 설정한다. 이때의 상담목표는 현재 시점에서 갈등을 겪고 있는 대상과 장면을 발굴해서 효과적으로 대처할 수 있도록 구체적이고 가시적으로 설정하는 것이 좋다.

'탐색과 수용 단계'에서는 내담자의 '과거' 탐색을 통해 현재 문제의 원인을 심층적으로 탐색한다. 자연과학의 원인론적 또는 병인론적 관점에서 볼 때 과거는 현재의 원인이다. 결정론적 관점에서 볼 때 내담자의 자아, 성격, 가치관, 대인관계, 직업 선택, 가족 등의 모든 문제는 그의 성장 과정과 뗄 수 없는 관계다.

사례개념화에서 촉발요인은 현재 내담자가 경험하는 문제의 근원에 해당한다. 사례개념화의 4요소, 즉 호소문제와 증상, 촉발요인, 유지요인, 대안과 목표 중에서 촉발요인의 탐색이 이 단계에서 마무리된다. 극단적으로 말하자면, 내담자의 현재 문제는 원가족이라는 원초적인 생물학적 체계로부터 파생된 심리적 현상인 것이다.

상담에서 심층 가족 탐색은 내담자의 가장 깊은 내면을 탐색하는 역동적 작업이다. 이때 내담자는 문제의 원인이 자신에게도 있다는 것을 자각하게 되고 수용하게 된다. 상담자가 범하기 쉬운 실수 중 하나는 가계도 탐색을 상담 초기에 '해 버리는' 것이다. 가계도 탐색을 1, 2회기에 하는 이유는 절충주의적 관점에서 '그렇게 배웠기 때문'이다.

내담자의 현재는 그의 과거의 총합이자 표현형이다. 따라서 현재의 문제를 충분히 탐색하는 것은 과거와 연결된 구조를 만드는 작업이다. 상담자는 먼저 이 작업에 충실해야 한다. 목표의 이해 단계에서 호소문제 명료화가 중요한 이유이기도 한데, 현재 누구와 어떤 식으로 갈등이 있는지를 충분히 탐색할 때 과거를 다루기 쉬워지고 마침내 현재 문제의 원인인 원가족 탐색을 수행할 수 있게 되어 문제의 원인과 현재를 연결 짓게 된다.

심층 가족 탐색의 방향

탐색과 수용 단계에서의 심층 가족 탐색은 호소문제 명료화 과정에서 가족관계를 다루는 것과는 구별된다. 호소문제 명료화에서는 내담자의 전반적인 가족관계, 즉 부모나 형제와의 교류 정도, 부부나 자녀와의 관계, 가족의 경제, 문화, 신화 등을 이해하는 데 집중한다. 그러나 여기서는 내담자의 어린 시절의 강렬하였던 사건을 중심으로 파악하고 그 영향을 심층적으로 다룬다. 이미 상담자는 내담자의 가족관계를 많이 파악한 상태이므로 이 단계에서는 어린 시절의 경험에 선택적으로 초점을 맞추어 세밀히 다룰 수 있다.

상담자는 내담자의 발달사뿐 아니라 초기 원가족에서 경험한 주요 인물과의 갈등을 재구성하고 감정의 정화 작업을 시도한다. 이 과정을 통해 내담자는 심리적 상처 경험을 약하게나마 해소하게 되고, 비로소 현재 문제를 어느 정도 객관적이고 이성적인 관점에서 볼 수 있게 된다.

'자각과 변화 단계'에서는 내담자의 '미래', 즉 굳어진 현재의 비효과적인 생활 태도와 습관, 인지적 오류, 가치관을 수정하는 작업을 통해 유능감과 동기를 높이고 상담실을 떠나게 돕는다. 상담자는 내담자의 비효과적인 행동패턴을 찾아 직면(confrontation)함으로써 미래에 더 효과적이고 건강한 삶을 살 수 있게 유도한다.

현재의 비효과적 행동패턴을 미래에 필요한 효과적 행동패턴으로 수정할 수 있도록 역할연습이나 과제 부여를 통해 훈습(working through)시킨다. 과제는 단기상담의 제한된 회기를 고려하여 쉬운 과제로부터 점점 어려운 과제로 제시하거나 일회성 과제를 고안해서 부과한다. 이러한 활동을 통해 내담자는 상담 초기에 설정한 상담목표에 점진적으로 도달하게 한다. 대략적인 상담 과정이 마무리되면 전체 상담 경험을 평가하는 종결 역할을 수행한다.

지금까지 살펴본 구조화 단기상담 모형을 요약 정리하면 〈표 3-1〉과 같다(강진구, 박보영, 2024).

표 3-1 구조화 단기상담 모형 요약

시제	단계	단기상담자의 역할	상담 회기
현재	목표의 이해	-상담 구조화 -대인관계 갈등 탐색을 통한 호소문제 명료화 -구체적인 상담목표의 설정	1~3, 4회
과거	탐색과 수용	-원가족 경험에서 나타난 주요 인물과의 사건 탐색 -주요 인물과 경험한 사건의 재구성을 통한 감정의 정화 작업	4, 5~6, 7회
미래	자각과 변화	-비효과적 행동패턴의 직면 -비효과적 행동패턴의 수정을 위한 과제 부과 -종결 역할	7, 8~10회

2. 구조화 단기상담 모형의 실제

앞서 살펴보았듯이, 구조화 단기상담 모형은 10회 내외의 단기상담을 목표의 이해 단계, 탐색과 수용 단계, 자각과 변화 단계로 구분하여 구조화한 모형이다. 단계별 세부 내용은 다음과 같다.

1) 목표의 이해 단계

이 단계에서 상담자는 현재 시점을 중심으로 내담자의 호소문제를 명료화하고 구체적인 상담목표를 설정한다. 상담자는 적절한 상담 구조화를 통해 상담의 준비도를 높이고, 공감 기법을 중심으로 호소문제 명료화를 진행하면서, 상담목표를 구상해서 합의한다.

(1) 상담 구조화

상담자와 내담자는 첫 상담부터 3~4회기까지 호소문제를 명료화하면서 상담목표를 찾는 데 노력해야 한다. 상담자는 상담 구조화를 통해 상담의 전체 흐름을 이해시키고, 내담자가 어떤 문제를 갖고 있으며 현재 상태가 어떠한지에 대해 호소문제 명료화 작업을 해 나간다. 내담자는 자신이 겪고 있는 사건들을 탐색해 감에 따라 '아, 내가 이런 문제가 있구나. 이런 도움을 받아야겠다.'라는 목표를 갖게 된다. 상담자도 이 과정에서 내담자에게 꼭 필요한 해결 방향을 찾게 된다. 상담자는 초기부터 성과를 내기 위해 과제나 피드백을 주려 하지 말고 함께 상담 방향을 이해하는 데 초점을 맞춰야 한다. 구조화는 상담자의 예상불안을 낮추는 데도 도움이 된다.

많은 상담자가 불안이 높아졌을 때 내담자에게 과제를 주는 실수를 저지르게 된다. 그러나 상담자가 주는 과제는 내담자가 변화해야 하는 궁극적인 내용이므로 실천하기란 매우 어렵다. 상담자가 생각하기에 아주 사소한 과제도 내담자에게는 어렵게 느껴진다.

어떤 초심상담자는 자신은 상담 초기에 과제를 주지 않았다고 항변한다. 그러나 그가 내담자에게 제안한 여러 가지 내용은 대개 과제와 마찬가지인 경우가 많다. "당신 자신에 대해 한번 생각해 보고 오세요." "자신의 강점을 생각해 보고, 와서 이야기해 봐요."와 같은 제안도 과제에 해당된다고 할 수 있다. 내담자를 빨리 변화시키려는 태도는 오히려 내담자의 자기이해와 통찰을 방해한다. 상담 초기에는 내담자로 하여금 자신이 어떤 방식으로 살고 있고 갈등 상황에 어떻게 대처하고 있는지를 깨닫게 도와야 한다.

구체적인 상담 구조화 방법은 다음과 같다.

① 상담자 소개: 상담자의 이름, 상담 경력 등을 소개한다.
② 상담에 대한 기대 전달: 상담자로서 갖는 기대와 희망을 전달한다.
③ 상담자의 예상불안 전달: 상담자의 부정적인 심리적 경험을 전달한다.
④ 상담의 목적과 상담자 역할 소개: 상담이 상담자–내담자 간의 상호작용 과정임을 설명하고, 경청자, 정보제공자, 심리치료자로서의 역할을 소개한다.
⑤ 규칙 소개: 비밀 유지, 적극적 참여, 상담 횟수와 기간, 상담 시간 등을 소개한다.

구조화를 하는 가장 큰 이유는 상담에 참여하는 내담자의 준비도와 신뢰를 높이는 것이다. 구조화 경험으로 내담자는 상담에 대한 기대감이 높아지고 불안이 낮아진다. 상담자는 상담 시작과 동시에 자연스럽게 구조화를 진행하면서 내담자를 세밀히 관찰할 수 있어야 한다.

상담을 시작할 때 상담신청서나 자살방지서약서를 작성하기도 하는데, 사실 가장 이상적인 상담은 상담자가 모든 서류와 심리검사 결과를 갖고 상담을 시작하는 것이다. 상담신청서나 자살방지서약서 같은 서류는 상담실에 들어오기 전에 작성하는 것이 좋다. 안내데스크에서 상담에 대한 설명을 듣고 신청서를 작성한 후 상담실로 입장하는 것이다. 그러나 이런 시스템이 없고 상담자가 모든 것을 실시해야 할 때도 있다. 이때 상담자는 상담을 시작하기 전에 서류 작업부터 진행한다. 따라서 구조화는 면대면으로 진행되는 첫 번째 역할인 셈이다. 구조화는 상담자가 내담자를 상담의 장으로 입장시키는 첫 관문이다.

토의해 봅시다

2~4명씩 소집단으로 모여서 자신이 경험한 효과적인 구조화와 비효과적인 구조화에 대해 토의해 보자. 어떤 요소가 포함될 때 더 효과적인지 각자의 경험을 분석해 보자.

(2) 의뢰인이 있는 상담의 구조화

의뢰인이 있는 상담의 경우 상담자는 의뢰인에게도 구조화를 실시해야 한다. 부모나 교사 등은 내담자의 문제를 의뢰할 뿐 아니라 상담 효과에도 관심갖는다. 상담자는 이들을 호의적으로만 대해서는 안 되며, 적극적인 자세로 방향성을 갖고 접근해야 한다.

만약 의뢰인과 내담자가 함께 방문한다면 첫 회기에서 어떻게 대처해야 할 것인가? 가장 효과적인 방법은 의뢰인을 먼저 만나는 것이다. 의뢰인은 내담자의 문제에 대한 정보를 많이 갖고 있고 적극적으로 정보를 전달하려고 한다. 상담의 속도를 높이기 위해서 상담자는 의뢰인을 통해 정보와 욕구를 탐색한다.

모든 의뢰인의 목표는 내담자의 문제를 없애 달라는 것이다. 의뢰인은 자신의 견해가 전적으로 옳다고 여긴다. 그들은 황당한 목표를 제시한다. 상담자는 "우리 아이가 게임을 안 하고 공부를 잘하게 해 주세요." "학교에서 말썽을 안 부리고 화를 안 내게 해 주세요."와 같은 의뢰인의 욕구를 현실적인 목표로 수정할 수 있게 도와야 한다. 상담자는 의뢰인의 과도한 희망을 상담 회기 대비 실현 가능한 수준으로 낮춰야 한다. "열 번 정도 진행되는 상담으로는 그렇게 변화시키기가 어렵습니다. 상담을 하다 보면 아드님이 왜 공부를 하지 않는지, 마음에 어떤 어려움이 있는지는 알 수 있습니다."와 같이 기저선을 설정하는 것이 중요하다. 또한 의뢰인의 욕구를 낮춤과 동시에 그들도 상담에 협조해야 하고, 그들의 문제점도 함께 다루는 과정이 상담임을 알려 준다. 역설적으로 의뢰인이 '이 상담에서 너무 많은 것을 기대해서는 안 되겠구나. 나도 뭔가 문제가 있고, 아이에게 영향을 미쳤겠구나.'라고 느낄 때 상담은 성공할 수 있다.

상담자는 의뢰인에게 상담이 3~4회기 진행된 후에 다시 방문할 것을 요청한다. 이 정도의 기간은 상담에서 호소문제 명료화 작업에 적절한 분량이다. 따라서 의뢰인이 재방문할 날짜와 시간을 미리 예약하는 것이 좋다. 그때 비로소 의뢰인은 긴장하게 되고 자녀의 상담 과정을 관찰하면서 상담의 책임을 공유하게 된다. 상담자가 그저 돕겠다는 자세로 상담을 시작하는 것은 의뢰인의 대리인 또는 하수인이 되는 것과 같다. 의뢰인을 적절히 다루지 못하면 어느 날 그의 전화를 받게 될 것이다. "아이를 상담에 몇 번이나 보냈는데 왜 이렇게 안 바뀌는 거죠?" 어떤 상담자도 이런 통화를 원치 않을 것이다.

상담자는 의뢰인과 충분한 대화를 한 후 내담자를 만나는데, 이때 의뢰인과의 대화 내용을 내담자에게 알려 주는 것이 좋다. 내담자와의 대화 내용은 의뢰인에게 알려 주지 않지만, 의뢰인과의 대화는 상담을 하게 된 중요한 자원이기에 적극적으로 활용한다. 이때 내담자는 변화할 수 있고 내담자와 빨리 신뢰를 구축할 수 있다.

"부모님(의뢰인)이 너에게 어떤 변화를 원하는지 알려 줄게." "너의 부모님은 네가 게임을 안 하고 공부 잘하기를 기대하시더라." 만약 내담자가 피식 웃는다면 "너도 웃기지? 나도 웃겼어. 너는 부모님이 원하는 목표가 얼마나 이루어지면 좋겠니?" 아마 내담자는 계속 피식거리며 웃을 수 있다. 이때 상담자는 내담자의 마음의 흔들림을 발견하고 공감해 준다. "너도 힘들었겠다. 그런데 일단 상담에 왔으니 너도 좀 나아지기 위해 뭔가 해야 하지 않겠니? 넌 무엇을 원하니?"

이런 상황에서 대부분의 비자발적 내담자는 두 가지 반응으로 나뉜다. "저는 원하는 게 하나도 없어요. 제발 내버려두면 좋겠어요." "저도 제가 좀 변하면 좋겠어요. 하지만 부모님이 원하는 방식은 아니에요." 상담자는 내담자의 변화의 욕구를 찾아내서 상담의 동기를 높이는 데 활용한다.

(3) 비자발적 내담자의 저항 다루기

도움을 원하지 않는 비자발적 내담자는 대부분 의뢰인의 압력에 이끌려 상담실로 들어온다. 그들은 상담자가 상담을 강요하는 것으로 받아들여 다양한 방법으로 저항한다. 이러한 비자발적 내담자에게도 10회기의 상담 기회만 주어진다면 상담자는 어떻게 해야 할까? 비자발적 내담자를 상담하는 것은 어떻게 정당화될 수 있을까? 상담에 대한 동기가 없다고 해서 무조건 놔두는 것이 윤리적인가? Welfel과 Patterson(2005)은 이들에게 상담을 강요하는 것에 대한 윤리적 고려사항들을 다음과 같이 제시하였다.

첫째, 비록 그들은 도움을 원치 않더라도 상담자에게는 그가 더 나은 삶을 살도록 도와야 하는 도덕적 · 윤리적 의무가 있다. 둘째, 상담자는 훈련된 전문가이므로, 비자발적 내담자의 상담에 대한 저항이 스스로에게는 합리적인 반응이지만 상담자의 조력에 점차 순응할 수 있음을 알고 있다. 셋째, 상담자의 개입이 빠를수록 효과적인 해결책을 찾을 수 있다. 이러한 이유 때문에 상담자는 비자발적 내담자가 도움의 필요성을 느끼기 전에 상담을 시작해야 할 필요가 있다.

그러나 때로는 상담자가 비자발적인 내담자를 상담 장면에 초대하려고 아무리 노력해도 안 될 때가 있다. 그렇지만 이때 상담자의 노력은 분명 의미 있는 것이다. 만약 열심히 노력하였음에도 변화가 없다면 상담자는 상담의 중단을 선언해도 된다. "지난 몇 회기 동안 상담을 하였지만 우리는 더 이상 진전이 없는 것 같습니다. 언젠가 다시 상담이 필요할 수도 있을 테니 그때 좋은 기회가 있기 바랍니다." 상담자는 자신의 안타까운 마음을 전달하고, 상담이 필요할 때 다시 시작할 수 있게 권유한다. 그리고 내담자와 협의해서 종결하였음을 의뢰인에게 보고할 의무에 대해서도 설명해 준다. 마지막으로 그동안의 상담에서 알게 된 내담자의 강점을 피드백해 주고 마친다.

토의해 봅시다

2~4명씩 소집단으로 모여서 의뢰인을 효과적 또는 비효과적으로 만난 경험을 나누어 보자. 어떤 방식으로 구조화할 때 의뢰인에게 더 효과적인지 각자의 경험을 분석해 보자.

(4) 호소문제 명료화

상담자는 내담자가 호소하는 문제만 해결해 주려고 해서는 안 된다. 상담자는 내담자 문제의 해결사가 아니기 때문이다. 호소문제 명료화에서 상담자는 내담자 자기 자신, 사회적 관계, 가족 환경, 학업/능력의 네 가지 영역으로 나누어 다양하게 탐색하면서 그의 '진짜' 문제를 찾아낸다. 만약 내담자가 "이성교제에 관해 도움을 받고 싶다." "직장 상사와의 갈등으로 이직을 원한다." 등의 문제를 갖고 오더라도 상담자는 다른 영역의 문제도 함께 탐색하면서 내담자를 종합적으로 이해하는 데 힘써야 한다.

① 자기 자신 영역: 이 영역은 자신을 얼마나 이해 · 수용하는가에 관한 부분을 다루는 것이다. 여기에는 신체상, 자아개념, 자존감, 성격, 가치관 등이 포함된다. 신체상은 자신을 얼마나 매력적으로 지각하는가와 관련이 있다. 신체상에 대한 관점은 청소년기까지 거의 완성되어 잘 변하지 않는다. 게다가 신체상과 자존감과 자아개념은 높은 상관을 보인다. 부정적인 신체상을 가진 내담자는 외모로 인한 고민뿐 아니라 일상의 대인관계, 학업, 진로, 문제 해결 등에서도 효과적이지 못한 방략을 사용하곤 한다. 신체상은 자기 자신의 영역에서 매우 중요한 부분이므로 상담자는 내담자의 신체상과 관련된 정보를 활용할 수 있어야 한다. 예를 들어, 신체상에 특히 민감한 시기인 청소년 내담자를 상담할 때는 2차 성징의 정도, 조숙과 만숙, 그로 인한 생각과 감정 등을 세밀히 다루어야 한다.

부정적 신체상 다루기

한 청소년 내담자가 상담을 받던 중 쓰고 있던 마스크를 물을 마시기 위해 잠시 내렸는데, 얼굴에 큰 점이 있음을 발견하였다. 그러나 상담자는 내담자에게 상처가 될지 몰라서 상담이 종결될 때까지 그의 점에 대해서는 다루지 못하였다고 보고하였다. 신뢰관계가 덜 형성된 상담 초기부터 그런 부분을 다루는 것은 다소 부적절할 것이다. 상담자는 신뢰를 쌓은 후 상처를 다루어 갈 필요가 있다. "너는 점 때문에 공부하다가도 안 되고 속상하고 힘이 빠지겠구나."와 같은 말을 상담 중반 이후에도 하지 못하였다면 그 상담은 아직 신뢰를 제대로 쌓지 못한 것이다. 만약 내담자가 먼저 "저는 점 때문에 속상하고 원망스러워요." 라고 한다면 그 상담은 속도를 낼 수 있다. 이런 관점에서 볼 때 원가족은 서로가 상처를 주고받는 대상이 될 수 있다. 자녀나 배우자에게 불쑥 던지는 위협적인 언어는 서로에게 앙금으로 작용하곤 한다. "살 좀 쪄라." "키 좀 커라." "성격 바꿔라." 이처럼 호소문제 명료화는 신뢰관계 수준과도 밀접한 영향이 있다.

② 사회적 관계 영역: 이 영역은 동성관계와 이성관계로 구분해서 살펴보아야 한다. 내담자가 이성관계만 계속 언급한다면 그의 동성관계는 갈등 상태라고 추측해도 좋다. 동성 간에는 누구와 어떻게 어울리고 대화하는지, 왜 그렇게 하는지 등을 파악한다. 그 외에도 상하관계와 같은 다양한 관계를 탐색해서 핵심적인 인물들을 최소 한두 명 찾아낸다.

사회적 관계 영역을 탐색할 때 상담자가 주의해야 할 점은 다음과 같다. 첫째, 상담자는 내담자가 상담 초기에 언급하는 대상에 주목해야 한다. 학교 친구, 직장 동료, 어린 시절의 가족 구성원 등 내담자가 무심코 말하는 등장인물은 사실 그의 현재 삶에 큰 영향을 미치고 있는 존재다. 내담자가 대수롭지 않게 말하더라도 회기가 거듭될수록 그 인물과의 관계는 계속 연결되므로 상담자는 거기에 얽힌 에피소드들을 계속 발굴해 내는 데 힘써야 한다. 둘째, 내담자가 초점을 맞추는 대상에만 따라가서는 안 된다. 내담자가 이성 친구나 원가족에 대한 이야기를 계속할 경우 상담자는 반드시 그의 주변에 존재하는 동성 친구, 직장 동료, 현재 가족 등으로 대상을 확장해 가면서 탐색해야 한다.

호소문제 명료화 작업은 이처럼 탐색의 범위를 상담자의 초점에 따라 넓혀 가는 작업이다. 내담자의 호소문제만 탐색하는 것이 아니라, 그의 전반적인 인간관계 능력과 범위를 다루어 한 인간으로서 존재하는 방식을 종합적으로 이해하는 과정이다.

③ 가족 환경 영역: 이 영역은 부모와 형제, 배우자, 자녀 등의 인물들을 포함한다. 부모나 형제에 대해 어떻게 말하는지를 파악하는 것이 좋다. 그러나 상담자는 상담 초기부터 부모나 형제 관계를 깊이 탐색하는 것을 피해야 한다. 내담자가 언제 어떻게 가족을 언급하는지 여유롭게 지켜보면서 함께 다루어 가야 한다. 만약 부모 중 한쪽만 계속 언급한다면 그의 갈등 관계의 대상으로 다른 쪽 부모도 예측할 수 있다.

가족 환경에는 구성원들 간의 갈등만이 아니라 환경적 측면, 즉 경제, 문화, 신화 등의 영역도 탐색해 본다. 상담을 몇 회기에 걸쳐 진행하면서 집의 경제 규모가 어떠한지, 자가인지 전세인지 등에 대해서조차 파악하지 못 하였다면 그 상담은 문제가 있다. 이러한 환경적 측면은 내담자의 과거, 현재, 미래에 직간접적인 영향을 미치므로 상담자는 주의를 게을리해서는 안 된다.

아동기의 자녀들은 부모에게 우리집이 부자인지 가난한지, 부모의 수입은 어떠한지 등을 묻곤 한다. 이때 부모가 어떻게 대응하였는지, 그리고 그 상황을 가족이 어떻게 공유하는지를 탐색하는 것은 가족 문화의 영역이 될 것이다. 생일파티를 하는지, 가족여행을 가는지, 여행을 위한 의사결정은 어떤 식으로 하는지, 휴일을 어떻게 보냈는지, 내담자의 취미와 선호를 존중하는지 등은 모두 문화의 영역이므로, 상담자는 표면적 수준에서 이러한 정보들을 가볍게 다루어 나간다. 가족 내 신화와 가치관도 찾아본다. '우리집은 성적순으로 서열을 매긴다.'라는 관점이 가족에게 있다면, 그로 인한 갈등을 구체적 장면으로 탐색할 필요가 있다.

④ 학업/능력 영역: 마지막으로 학업과 적성과 같은 능력 측면을 탐색한다. 학업 수준은 어느 정도인지, 적성에 맞는 전공이나 진로를 선택하고 있는지, 그 과정에서 내담자의 주도적인 선택은 얼마나 작용되었는지 등을 찾아낸다. 직장을 다니고 있는 사회인이라면 진로 포부나 향후 계획, 승진 가능 여부, 연봉 등도 여기에 해당한다.

이러한 네 가지 영역을 상담 초기에 모두 다루는 것은 쉽지 않은 일이다. 그러나 상담자가 질문과 공감으로 이 영역들을 첫 회기부터 조금씩 다루어 간다면 상담자, 내담자 모두가 문제에 대해 종합적으로 이해할 수 있게 된다. 예를 들어, 성격 문제로 상담을 받으러 온 청소년 내담자에게 상담자는 첫 회기 상담에서 '누구와 시간을 보내는가?' '무엇을 좋아하는가?' '성적은 어느 정도인가?' '아버지와 얼마나 대화하는가?' 등도 탐색해 간다.

여기에서 한 가지 중요한 어려운 점이 있다. 상담자의 탐색은 질문으로만이 아닌 공감의 방식으로 이루어져야 한다는 것이다. 질문만 계속한다면 내담자는 점점 소극적이고 의존적으로 되어 마침내 상담관계에 협조하지 않게 될 것이다. 공감 기법 중심으로 탐색한다는 것이 중요한 이유다. 극단적으로 볼 때, 내담자가 상담에 오는 이유는 공감을 받기 위함이다. 공감의 촉진적 기능이 여기에 있다. 내담자는 공감을 받으면서 자신의 경험을 많이 쏟아 놓게 된다. 상담자는 표면적으로는 임시방편의 질문과 공감만 하는 듯하지만, 한 회기 전체로 볼 때 네 가지 영역을 적절히 넘나들며 탐색하는 셈이다.

2회기에서는 첫 회기에서 다룬 네 가지 영역을 다시 다룬다. 이미 첫 회기에서 언급하였던 내용이므로, 내담자는 상담자가 이끄는 대로 자신, 사회적 관계, 가족 환경, 학업/능력 영역을 더 심화시켜 진

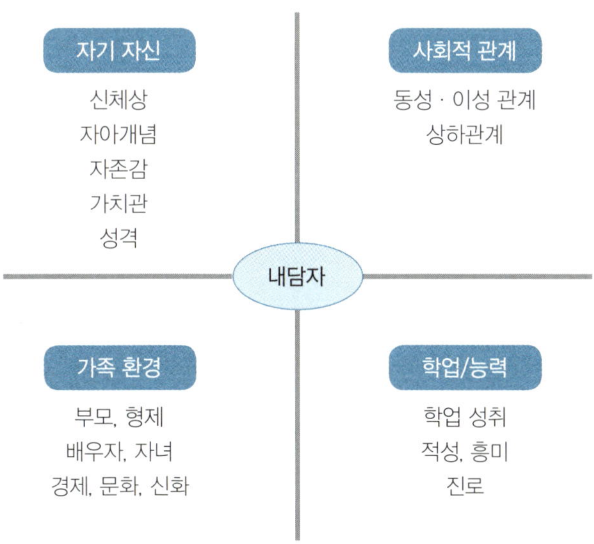

[그림 3-3] 호소문제 명료화

술한다. 이러한 대화가 3회기까지 진행된다면 상담자는 내담자의 문제를 충분히 이해하게 되고 사례개념화로 연결될 것이다.

(5) 호소문제 명료화 과정에서 소외와 단절의 징후 찾기

여기서는 내담자의 호소문제를 자기 자신, 사회적 관계, 가족 환경, 학업/능력의 네 가지 영역으로 구분하여 소외와 단절이라는 주제로 재조명하고자 한다. 그 내용은 다음과 같다.

① 자기 자신 영역: 자기 자신의 영역에서는 부정적 신체상(외모, 성격 등)으로 인해 낮은 자존감과 부정적 자아개념을 경험하게 되어 학업과 대인관계에 영향을 미치는 현상이 많다. 이러한 현상의 이면에는 외모 지상주의, 자극적인 미디어 환경 등이 자리 잡고 있다.

② 사회적 관계 영역: 사회적 관계 영역에서의 소외와 단절은 학교, 직장, 이성 등과의 관계에서 관계의 양과 무관한 질적인 고립감을 의미한다. 상담사례에서는 빈약한 교우관계 능력으로 인한 직접적인 갈등과 왕따, 폭력뿐 아니라 자발적인 고립과 철수가 종종 나타나고, 학교 성적이나 대학 입시에서 과도한 목표를 지향하고 집착하는 현상으로 표현되기도 한다.

③ 가족 환경 영역: 가족 환경 영역에서의 소외와 단절은 가족 구조의 핵가족화와 부모의 맞벌이라는 외형적인 소외뿐 아니라 가족 또는 부부간 파괴적인 의사소통의 문제, 부모의 능력 중심 가치관으로 인한 형제간 차별 등으로 나타난다. 이러한 관계

갈등은 가족의 최소 기능인 소통과 안전기지 역할의 부재로 이어진다.

④ 학업/능력 영역: 학업/능력 영역에서는 성과 지향적인 사회 분위기로 인해 대부분의 학생 내담자가 사회에 진출하기 전 단계에서 패배감과 위기감을 경험하고 불안, 우울, 무기력에 빠지는 현상이 나타난다. 이러한 현상은 직장인이나 경력 단절 여성, 정년퇴직 후의 노년기 내담자의 경우도 마찬가지여서, 자신의 경력과 활동 성과를 평가절하하거나 가시적인 성취나 과시에 집착하는 사례들이 쉽게 발견된다.

이러한 네 가지 영역은 상호복합적인 인과관계로 복잡하게 얽힌 상태에서 다양한 증상으로 표현된다. 상담자는 이처럼 복잡하게만 보이는 사례들을 영역별로 구분하고 인과관계를 규명할 뿐 아니라, 원인과 증상을 구분하여 단기적으로 증상을 완화하고 원인을 제거 또는 수정하는 전략으로 상담을 진행할 필요가 있다.

토의해 봅시다

2~4명씩 소집단으로 모여서 호소문제 명료화 작업 경험을 나누어 보자. 자신의 호소문제 명료화 작업 경험에서 효과적인 측면과 비효과적인 측면을 각각 분석해 보자.

(6) 질문의 활용

단기상담에서 질문은 호기심이나 문제의 원인을 조사하기 위한 것이 아니다. 질문은 대화의 강력한 도구이므로, 대부분의 사람은 질문을 받으면 대답해야 한다는 압력을 느낀다. 이런 이유 때문에 질문은 내담자에게 삶의 의미를 찾도록 각성시키는 데 효과적임과 동시에 상담자–내담자 간의 상호관계에 해가 되기도 한다.

비자발적 내담자의 경우 상담자가 질문을 남발하면 빈약한 반응을 유발하게 되고 제대로 된 답변을 얻을 때까지 악순환의 고리에 빠져 마침내 수동적인 상담이 되어 버린다. 그렇게 되면 역설적으로 정보를 얻으려는 상담자의 노력은 실패로 끝나게 된다.

가장 비효과적인 질문은 '왜'로 시작하는 질문이다. 자신이 '왜' 그렇게 생각하고 느끼고 행동하였는지 쉽게 이야기할 수 있다면 그는 상담에 올 필요조차 없을 것이다. Benjamin(1987)은 "질문을 정교하고 자제력 있게 사용할 때는 유용한 도구가 되지만, 문제는 우리가 질문을 망치처럼 너무 자주 쓴다는 점이다."라고 하였고, Ivey와 Ivey(2007)는 질문의 남용을 경계하였다.

상담자는 다음의 사항들을 유념하면서 질문을 사용해야 한다(Presbury, Echterling, & McKee, 2008). 첫째, 지금 질문하고 있다는 것을 자각하라. 둘째, 내담자에게 하려는 질문의 정당성을 의심해 보고, 과연 그 질문이 바람직한지를 숙고해 보라. 셋째, 사용하려는 질문의 유형을 신중하게 검토하라. 넷째, 질문을 대신할 다른 방법을 찾아보라. 다섯째, 내담자가 하는 질문에도 민감하게 반응하라.

토의해 봅시다

2~4명씩 소집단으로 모여서 자신의 상담 방식에서 질문이 차지하는 비중에 대해 토의해 보자. 자신은 질문과 공감 중 어느 기법을 주로 사용하는 상담자인지, 왜 그러한지 분석해 보자.

(7) 상담목표의 설정

상담을 원인론적 접근으로 보는 것은 과거가 현재의 원인이라는 전통과학의 관점이다. 인간의 질병이 과거 어떤 경험을 하였느냐에 따라 규정되듯, 문제의 원인을 과거에 둠으로써 과거 경험을 추적하고 회복을 위한 대안을 처치하는 것이 의학적 또는 과학적 모델이다. 그러나 심리상담 영역에서는 과거가 아닌 미래가 현재의 원인인 경우가 많다. 목적론적 접근이 그것이다. 되어야 하는 나, 이상적 자아가 현재를 견인해 가기도 한다. 고3 수험생들이 왜 공부를 포기하는가? 그의 현재 행위는 미래 때문이다. 원하는 대학에 갈 수 없기에 고3 마지막 공부조차 포기하게 된다. 그 반대의 경우, 즉 진학할 학교가 분명하고 성적이 따라 줄 때 그는 마지막까지 공부에 매진하게 된다.

상담목표는 크게 긍정적 목표, 부정적 목표, 해로운 목표, 목표 없음의 네 가지로 나눌 수 있는데, 이것은 다시 목표를 설정할 수 있는 것과 없는 것으로 구분된다. 목표를 설정할 수 없는 경우로는 해로운 목표와 목표 없음 영역이 있다.

① 해로운 목표: 해로운 목표로는 "자살하고 싶다." 또는 "누군가를 죽이거나 상처를 입히고 싶다." 같은 호소문제이다. 이때 상담자는 목표를 설정하려고 하기보다 내담자의 원망과 분노, 좌절에 대해 공감하고 반영하는 데 힘써야 한다.

② 목표 없음: 목표 없음 영역은 비자발적 내담자가 해당된다. 그는 자신을 변화시키거나 상담을 통해 도움받을 생각이 없는데, 부모나 교사의 의뢰, 판사, 배우자의 명령으로 상담실에 온 것이다. 상담자는 희생자로서의 그의 경험과 처지를 이해하고 공감해 줌으로써 생존의 자원을 찾을 수 있게 도와야 한다. 심지어 침묵하는 내담자가 있다면, 상담자는 그 침묵의 이면에 있는 그의 욕구를 계속 공감해 주어야 한다.

초심상담자는 내담자의 침묵을 깨기 위해 질문을 자주 하는데 이것은 비효과적이다. 내담자는 말은 하지 않지만 자신의 마음을 알아주기를 바라기 때문에, 상담자는 그의 복잡한 심정을 작은 부분으로 나누어 계속적으로 공감해 준다. 결국 침묵하는 내담자에 대해서는 충분한 공감으로 그의 상담 동기를 높여야 할 것이다.

③ 부정적 목표: 내담자가 부정적 목표를 갖고 올 경우 상담자는 이를 긍정적 목표로 수정한다. 내담자는 "덜 우울하고 싶다." "인간관계에서 갈등이 덜 생겼으면 좋겠다." "왕따당하고 싶지 않다." 와 같은 목표를 갖고 오는데, 상담자는 이 진술들을 긍정적인 표현으로 바꿔 주어야 한다. 만약 상담자가 '불안을 감소시킨다'를 상담목표로 잡았다면 그것은 보다 긍정적인 목표로 수정되어야

할 것이다. 덜 불안하거나 덜 우울해진다는 것은 무엇인가? 더 자신감 있고 더 행복감을 느끼는 것을 의미한다.

④ 긍정적 목표: 긍정적인 목표를 설정할 때는 구체적인 대상, 장면, 행동까지 찾아낸다. 대화를 통해 최근에 더 행복감을 느꼈던 적이 있는지, '누구'와 그런 경험을 하였는지 또는 하고 싶은지 등을 탐색한다. 인간관계를 더 잘하고 싶다면 가까운 대상과의 좌절 경험을 구체적인 에피소드 중심으로 다룬다.

결국 단기상담의 상담목표란 특정 대상과의 관계로 치환된 구체적인 상담목표를 설정하는 것이다. 마치 분수를 약분할 때 더 이상 약분할 수 없는 기약분수를 찾아내듯이 가장 단순하고 명료한 행동 목표를 찾는 과정이다.

만약 내담자가 열등감을 호소한다면 상담자는 그의 주변에서 열등감을 경험하게 만드는 대상과 상황부터 탐색한다. 그 상황에서 어떻게 행동하는지 그리고 왜 그렇게밖에 대처하지 못하는지를 그의 행동패턴과 욕구의 측면에서 찾아본다. 내담자는 1차원적 변화의 관점에서 대처하였을 것이고, 그것은 결코 효과적이지 못한 방법이었을 것이다. 상담자는 그 이면의 욕구와 두려움까지 다루어 줌으로써 보다 나은 2차원적 변화의 태도를 목표로 설정할 수 있도록 돕는다. 이때 상담자는 상담이 끝날 쯤에는 어떻게 행동하게 될 것인지를 구체적으로 묘사해서 내담자가 그 장면을 눈으로 그릴 수 있게 만든다. 이러한 목표 설정은 그 자체가 도움이 되는 경험이다.

토의해 봅시다

2~4명씩 소집단으로 모여서 자신이 경험한 상담목표 설정의 예를 소개해 보자. 단기상담에 적합한 상담목표를 설정하였는지, 그렇지 못하였을 경우는 어떤 문제가 상담자와 내담자에게 있었는지 분석해 보자.

2) 탐색과 수용 단계

상담의 중반기, 즉 4~7회기 정도에서는 본격적인 탐색과 자기수용이 이루어진다. 이때 내담자는 자신의 문제에 점점 깊은 탐색을 감행하고자 하는 욕구와 함께 그에 대한 저항을 무의식적으로 경험하기도 한다. 상담자는 이러한 행동들을 탐색하고 공감해 줌으로써 심층 탐색과 수용으로 이어지게 돕는다.

(1) 심층 가족 탐색

탐색과 수용 단계에서는 본격적인 과거, 현재, 미래에 대한 탐색을 하게 된다. 이 과정에서 내담자는 자기개방을 많이 하고, 공감도 받아서 자신에 대한 탐색의 수위를 높여 간다. 점차적으로 상담자와 내담자는 만남의 경험을 하게 되고 마침내 내담자는 자신을 돌아보는 능력도 높아진다. 이 과정에서 그에게는 통찰과 수용이 점차적으로 일어난다.

이 정도가 된 후에 비로소 상담은 심층 가족 탐색으로 이어진다. 심층 가족 탐색은 가장 깊은 곳, 문제의 근원에 접근하는 것을 의미한다. 단기상담에서 심층 가족 탐색은 마라톤의 반환점과 같다. 여기까지 오기 위해 상담자는 호소문제 명료화와 목표 설정과 같은 길고 지루한 과정을 거친다. 그러나 가족이라는 심층적인 경험을 다루게 되면 그 이후에는 빠른 속도로 상담이 진행된다. 초심상담자에게 가족 탐색까지 오는 상담의 전반부 과정은 특히 힘들고 고되다. 이 지점까지 와서 내담자가 자신의 현재 문제의 원인이 과거 가족 탐색의 경험과 연결되는 자각을 하게 된다면 그는 문제의 원인이 자신에게 있음을 깨닫고 스스로가 고쳐 나가게 된다. 결국 상담은 내담자의 힘으로 고쳐 가는 과정인 것이다. 초심상담자는 자신이 내담자의 문제를 고치려 애쓰고 과제를 부과하고 훈육하는 실수를 범한다. 단기상담자는 이러한 점들을 유념해서 심층 가족 탐색을 준비해야 할 것이다.

이 단계에서 상담자는 내담자의 유지요인의 원인인 심층 가족 탐색을 본격적으로 시도한다. 현재 문제의 원인은 가족이라는 원초적 체계로부터 파생된 것이기에 심층 가족 탐색은 촉발요인을 탐색하는 과정이다. 상담에서 가족 탐색은 내담자의 가장 깊은 내면을 탐색하는 역동적 작업이다.

이때 내담자는 자신의 문제를 자각해서 문제의 원인이 나에게 있다는 것을 자각하게 되고 수용하게 된다. 내담자의 현재는 그의 과거의 총합이자 표현형이다. 따라서 현재의 문제를 충분히 탐색하는 것은 과거와 연결된 구조를 만드는 작업이다. 상담자는 먼저 이 작업에 충실해야 한다. 현재 누구와 어떤 식으로 갈등이 있는지를 충분히 탐색할 때 과거를 다루기 쉬워지고, 마침내 현재 문제의 원인인 원가족 탐색을 심층적으로 수행할 수 있게 되어 자신의 문제의 원인을 유기적으로 이해하고 연결 짓게 된다.

이 단계에서의 심층 가족 탐색은 상담 초기의 호소문제 명료화에서 가족 환경을 다루는 것과는 구별된다. 호소문제 명료화에서는 내담자의 전반적인 가족관계, 즉 부모나 형제와의 교류 정도, 가족의 경제, 문화, 신화 등을 이해하는 데 집중한다. 그러나 여기서는 내담자의 어린 시절의 가족 역동이나 사건들로부터 받은 영향을 심층적으로 다룬다. 이미 상담자는 내담자의 가족관계를 많이 파악하고 있으므로 어린 시절의 경험 중에서 유효한 에피소드를 선택해서 세밀히 다룰 수 있다.

심리적 속성은 물리적 속성에 의해 나타나는 현상이므로 상담자는 먼저 내담자의 물리적 속성, 즉 가족 형태와 환경부터 파악해야 한다. 심층 가족 탐색은 특히 형제관계부터 파악하는 것이 효과적이다.

첫 번째로 해야 할 작업은 형제가 있을 경우 형제간의 상대적 연령부터 파악하는 것이다. 형제 탐색을 먼저 하는 이유는 그들 형제간에 부모의 이미지가 서로 다르기 때문이다. 부모도 성숙해 가는 과정에서 자녀들을 길러 왔고, 자녀 수의 증가로 인해 또 다른 경험들을 하였다. 그래서 자녀들이 성장한 후 어릴 때의 부모를 떠올리면 사뭇 다르게 묘사할 수 있다. 형제의 절대연령은 중요하지 않다. 만약 내담자의 형이 두 살 많다면 '+2'를 부여한다. 그들 형제는 0세부터 지금에 이르기까지 두 살 터울로 끊임없는 상호작용을 통해 역동을 경험해 왔을 것이다. 입학, 졸업, 사춘기, 성인기, 취업, 결혼 등의 발달

과업 때마다 크고 작은 사건들을 함께 겪었을 것이다.

두 번째로 해야 할 작업은 형제간의 상대적 속성을 탐색하는 것이다. 여기서는 누가 내담자와 가장 가깝고 친밀한지, 비슷한지 다른지를 비교한다. 학업, 성격, 대인관계, 친밀성 등도 파악한다. "너는 어떤 아이였니?"와 같은 열린 질문도 도움이 된다. 아동·청소년기에 학업은 생활의 많은 부분을 차지하므로, 지능, 성적, 근면성 등으로 구분해서 탐색한다. 학교 적응이나 진로, 교우관계 등과 관련된 지능, 성적, 근면성 간에는 상관이 높다. "지능은 언니가 더 좋았는데 청소년기에 일탈하는 모습을 보면서 나는 꾸준히 공부하는 방식을 선택했어요."와 같은 진술을 하였다면 그것은 더 의미 있는 해석이 된다. 이러한 행동의 선택은 무의식적인 욕구와 연결되고, 그 배경에는 부모라는 근원적인 욕구의 대상이 있기 때문이다.

집안일은 누가 더 하는가, 순응성과 반항성은 누가 어떠한가 등의 질문을 통해 내담자의 숨겨진 욕망을 파악한다. 무의식적 욕구의 결과로 나타난 것이 특정한 행동형이므로 내담자의 어린 시절의 행동은 가볍게 다루지 말아야 한다. 착하게 보이거나 귀여움을 떨어야 살아남을 수 있는 아동기의 무의식과 관련된 연결고리를 찾아낼 수 있기 때문이다. 유머 감각이나 비판적 태도도 마찬가지다. 이러한 것들은 그가 선택하고 학습한 가운데 강화를 받은 일련의 행동패턴인 셈이다.

누가 누구와 친하였고, 부모와는 누가 어떻게 더 친하였는지와 같은 가족 내 대인관계적 속성도 탐색한다. 이런 내용들을 질문할 때 상담자는 내담자의 답변에 대해 반드시 공감 기법으로 처리해 주어야 한다. 상담자의 질문은 유의미하므로(유의미한 것만 질문해야 한다는 전제하에) 질문에 대한 답변 또한 중요하다. 따라서 상담자는 적절한 공감 반응을 통해 보다 심층적인 탐색으로 이끌어야 한다.

형제 탐색이 어느 정도 되고 나면, 욕망과 좌절의 근원인 부모와의 관계를 탐색한다. 초심상담자가 하기 쉬운 실수 중에는 상담 초기에 섣불리 부모에 대한 갈등을 다룬다는 것이다. 모든 내담자가 현재 경험하는 호소문제는 과거 가족 경험을 바탕으로 형성되고 내재된 갈등의 표현형이다. 이런 실수는 내담자의 현재 경험을 제대로 파악하기도 전에 과거, 즉 문제의 원인부터 건드리는 격이다. 부모는 내담자에게 복잡한 정서적 · 인지적 · 발달적 경험을 초래한 대상이다. 가급적 그가 스스로 부모와 연결된 탐색을 하도록 도와야 한다.

부모에 대한 진술이 너무 많거나 적은 것도 가족 갈등의 중요한 단서가 된다. 3, 4회기에 이르고도 부모 중 한쪽에 대해 전혀 언급하지 않는다면 그는 갈등의 대상일 것이다. 상담자는 호소문제 명료화에서 표면적 수준으로 다룬 가족 환경을 이 단계에서 집중적으로 다루어 준다.

부모를 탐색할 때는 나이나 직업부터 구체적으로 다시 물어보는 것이 좋다. 청소년의 경우 상담신청서에 쓴 부모의 나이는 내담자가 계산해서 썼을 수 있기 때문이다. 평소에 부모와 관계가 소원하였다면 관심도 적으므로 부모에 대한 관심도 줄어들었을 것이다. 상담자는 내담자가 부모 나이나 직업을 어떻게 묘사하는지를 관찰함으로써 정서적 교류의 정도를 알 수 있다.

부모는 어떤 분인지, 부부간의 대화나 갈등은 어떻게 표현하는지에 대해서도 질문한다. 부모 중 누가 내담자에게 희망을 가졌으며, 그것을 어떤 식으로 표현하였는지는 매우 흥미로운 질문이다. 어떤 부모는 자녀에 대한 기대를 비난이나 체벌로 표현해 왔을 수 있고, 자녀에게 울면서 넋두리를 하였을 수도 있고, 격려와 존중을 하였을 수도 있기 때문이다.

이러한 방식의 가족 탐색은 내담자의 통찰을 급격히 증가시킨다. 내담자는 자신의 삶의 방식에 가족과 관련된 경험들을 결합시킴으로써 심층적으로 자신을 수용하게 된다. 상담자는 구조화된 질문을 한 후 공감 기법을 활용해서 답변을 심화시켜 나간다. 상담자도 비슷한 경험이 있다면 자기개방을 통해 내담자와 더 신뢰관계를 구축한다. 결국 심층 가족 탐색은 더 이상 탐색할 영역이 없는, 내담자 문제의 가장 원초적인 탐색이 된다.

초심상담자들이 범하는 치명적인 실수 중에는 상담 초반 호소문제 명료화의 시기에 가계도를 탐색하는 것이다. 조부모의 형제들이나 배우자의 가계까지 탐색하는 것은 피해야 한다. 단기상담이라는 한정된 시간 안에서 상담자는 내담자에게 가장 영향을 미치는 사람과 사건들에 집중하는 데 힘써야 한다. 모든 사람에게는 가계도가 존재한다. 상담자는 그의 가계를 탐색하고 싶은 욕망을 경험하게 된다. 타인의 스토리에 끌려들어 가면 헤어 나올 수 없다. 가계도 탐색의 가장 큰 목적은 내담자가 스스로 통찰하게 돕는 것이므로 상담자는 그에게 가장 영향을 많이 미친 직계가족만 탐색함으로써 최소한의 시간과 노력으로 최대의 효과를 얻는다.

심층 가족 탐색을 할 때 상담자는 주의를 기울여야 한다. 이번 회기에 심층 가족 탐색의 영역으로 들어가야 할지, 좀 더 현재를 다룬 다음에 탐색해야 할지 결정하는 것은 상담자의 몫이다. 슈퍼비전 과정에서 슈퍼바이저와 상담자는 진행 중인 상담에서 언제쯤 심층 가족 탐색을 할지를 함께 의논해서 다음 회기를 준비하기도 한다. 앞에서도 언급했지만 이 단계에서의 심층 가족 탐색은 상담 초기 호소문제 명료화에서 다루는 가족 환경 영역의 탐색과는 다르다. 초기에는 내담자 가족의 분위기나 정보, 사건에 대해 다루었지만, 여기서는 가족 구성원 간의 역학 관계에 초점을 두고 진행한다.

심층 가족 탐색을 통해 내담자 문제의 촉발요인을 구체화한다. 현재 문제의 원인을 가족이라는 근원적인 영역에서 찾아내는 것이다. 극단적으로 보자면, 현재의 배우자, 자녀와의 관계 문제도 원가족에서 촉발된다. 내담자가 자신의 배우자, 자녀를 고쳐 주기를 원하더라도 상담자는 '그런 갈등에 대처하지 못하는' 내담자에게 집중해야 한다. 원인과 결과가 연결될 때 내담자를 변화시킬 수 있다.

내담자의 심층 세계를 탐색하라

슈퍼비전을 해 보면 이러한 현상을 쉽게 발견할 수 있다. 1~2회기 축어록과 6~7회기 축어록은 질적으로 다르다. 상담 초기에는 부모에 대해 다소 피상적이거나 단편적인 감정 단어로 묘사한다. 그러나 중반으로 접어들면 부모에 대해 보다 깊이 있고 심지어 과격한 표현도 서슴지 않는다. 이때 상담자는 "어떤 때는 왜 나에게 이런 부모가 있는지 부끄럽고 속상하고 원망스럽겠어."와 같이 반영해 준다.

예를 들어, 상담자와 내담자가 수영장에 갔다고 가정하자([그림 3-4] 참조). 처음에 상담자는 내담자와 1.2m 깊이의 레인에서 함께 수영하면서 나아갈 것이다. 그러나 레인 중간 부분에 깊이 15m의 수직 하강하는 부분이 있는데, 상담자와 내담자는 함께 이 부분을 내려가서 바닥에 손을 댄 후 올라와야 한다. 여기서 잠수의 성공 여부는 우선적으로 상담자에게 있다. 상담자는 가능한 한 심층적으로 내담자의 어린 시절 형제관계와 부모관계를 탐색해야 한다. 어떨 때 내담자는 깊이 내려가는 것이 두려워 발버둥을 치기도 할 것이다. 상담자는 적절히 내담자의 손을 잡고 잠수하면서 그의 유년 시절을 탐색해 주어야 한다.

어떨 때는 상담자가 자신이 겪은 어린 시절의 경험 때문에 역전이가 발생해서 내담자의 경험을 제대로 다루지 못할 수도 있다. 상담자는 자신의 역전이에 유의하여야 한다. 잠수의 성공 여부는 상담자와 내담자 모두의 역량에 달린 셈이다. 상담자는 깊은 수준으로 가족 탐색을 진행한 후 다시 올라와 내담자를 이끌고 앞으로 헤엄쳐 나가면 된다.

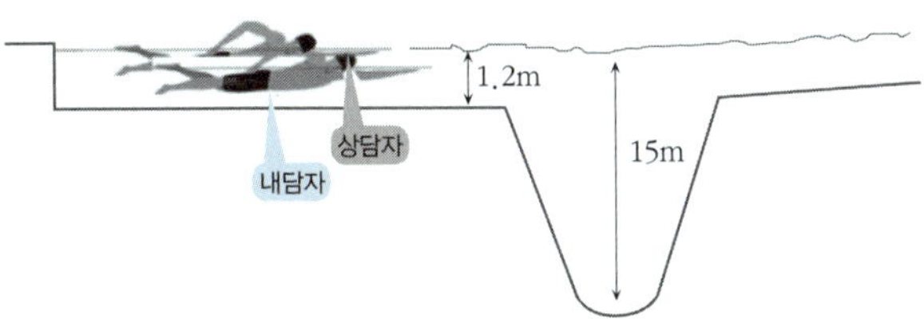

[그림 3-4] 심층 가족 탐색

토의해 봅시다

2~4명씩 소집단으로 모여서 자신이 경험한 심층 가족 탐색의 경험을 나누어 보자. 내담자였을 때는 적절한 심층 가족 탐색을 경험하였는지, 상담자로서는 적절한 심층 가족 탐색으로 이끌었는지에 대해 분석해 보자.

(2) 감정의 정화 작업

심층 가족 탐색을 통해 내담자는 문제의 원인이 자신에게도 있음을 알게 되고 새로운 변화로 이행해 가는 작업을 하게 된다. 상담자는 심층 가족 탐색을 통해 알게 된 상처 경험을 바탕으로 감정의 정화 작업을 수행한다. 과거의 힘들었던 경험을 빈 의자 기법이나 역할극을 통해 내담자의 마음에 있는 감정의 응어리를 다루어 준다.

가족에 대한 탐색을 하다가 보면 내담자의 감정이 분출되는 사건에 맞닥뜨리기도 한다. 이때 상담자는 내담자의 감정의 정화를 돕기 위해 심층 공감 반응을 적절히 활용해야 한다. 또한 상담자는 자신의 과거 비슷한 경험을 적절히 활용해서 자기개방함으로써 내담자가 힘을 얻어 보다 깊은 수준의 자기개방이 될 수 있게 도울 수 있다. 그러나 이때 상담자가 공감이나 자기개방 기법 대신 질문 기법을 사용하는 경우가 있다. 예를 들면, 내담자가 심층적 차원에서 외로움과 원망감을 경험하는데 상담자가 "지금 어떤 감정을 느끼는가?"와 같은 질문을 하는 것이다. 이때 질문 기법은 내담자가 부정적인 감정을 제대로 느끼기 전에 생각의 영역으로 주의의 초점이 옮겨져 대화의 내용이 인지적 영역에서 맴돌게 되어 감정의 정화 작업으로 이

토의해 봅시다

2~4명씩 소집단으로 모여서 자신이 경험한 감정의 정화 작업을 각자 소개해 보자. 감정의 정화 작업을 경험할 때 내담자로서 어떤 압력과 고통을 겪었는지, 상담자로서 이 작업을 이끌 때는 어떤 부담과 한계를 경험하였는지 분석해 보자.

어지지 못하게 한다.

3) 자각과 변화 단계

상담의 후반기, 즉 7~10회기에는 내담자의 미래와 관련된 행동 변화가 이루어진다. 내담자는 탐색과 수용 단계에서 자기 문제의 원인을 자각하게 되었으므로 다시 현재의 문제를 돌아볼 준비가 되었다. 이 단계에서 상담자는 내담자의 비효과적 행동패턴을 직면하고 적절한 과제를 부여함으로써 새로운 행동(2차원적 변화)을 경험하게 도운 후 상담을 종결한다.

(1) 비효과적 행동패턴의 직면

내담자의 감정이 해소되고 나면 상담자는 내담자의 문제점, 즉 유지요인인 태도나 습관, 가치관, 성격에 초점을 맞춘다. 내담자는 감정의 정화 경험을 통해 자신의 문제를 이전과 달리 보다 객관적이고 냉철한 관점에서 바라볼 여유를 갖게 되었다. 이때 상담자는 수년 또는 수십 년간 내담자가 사용해 온 비효과적인 행동패턴을 직면하게 함으로써 그가 문제의 원인과 해결책을 다른 관점에서 바라볼 수 있게 해준다.

직면의 방법은 다음과 같다. 첫째, 상담 중에 발견된 내담자의 바람직하지 못한 행동패턴들을 구체적으로 제시한다. 둘째, 그러한 행동패턴들이 계속될 경우 내담자에게 일어날 부정적인 결과들을 언급한다. 셋째, 상담자로서의 안타까움과 염려를 전달한다. 넷째, 내

시기 적절한 직면이란

상담자는 매 회기 자신의 역할을 분명하게 이해하고 수행해야 한다. 이것은 마치 구조화 집단상담에서 지도자가 집단의 발달 단계와 집단 역동을 바탕으로 구성한 프로그램들을 회기별로 수행하는 것과 유사하다. 집단의 흐름을 이해한 후 집단원들의 경험에 유기적으로 대처하는 것이 유능한 지도자의 역할이다. 만약 지도자가 의욕이 넘쳐 집단원들의 자기이해나 상호작용이 부족한 집단 초기에 피드백 주고받기와 같은 과도한 상호작용 활동을 진행한다면 그 집단은 심각한 저항에 부딪치게 된다. 이와 마찬가지로 단기상담에서 상담자는 회기별 역할과 단계별 흐름을 이해하고 유연하게 대처할 수 있어야 한다.

담자가 한번 생각해 볼 수 있도록 비강요적으로 제안한다.

직면할 때는 피해야 할 단어나 표현들이 있다. "당신은 늘……." "항상……." "~할 때마다" "인간적으로" 같은 표현은 내담자를 전체적으로 비난하고 평가하는 것이 된다. 상담자는 자신도 모르게 이런 극단적 또는 과일반화된 표현을 사용하지 않는지 주의해야 한다.

직면은 피드백의 강한 형태에 해당한다. 상담자는 직면의 기저에 피드백의 원리가 어떻게 작동하는지 알아야 한다. 피드백의 요소는 매우 다양하지만, 특히 직면과 관련된 요소는 준비성, 구체성, 즉시성, 변화 가능성, 비강요성, 다섯 가지로 간추릴 수 있다. 각각을 설명하면 다음과 같다.

① 준비성: 내담자가 준비가 되었을 때 피드백을 한다. 내담자에게 피드백을 하기 위해서는 준비를 시켜야 한다. 준비되지 않은 내담자에게 주는 피드백은 비록 그것이 긍정적이라도 효과가 떨어진다. 이러저러한 점이 좋았다고 하는 말도 무심코 전달하는 것과 "내 이야기 들어 볼래? 너는…….."라고 시작하는 것은 차이가 있다. 준비성은 "제가 해 드릴 말씀이 있는데 한번 들어 보시겠어요?"라는 식으로 전달한다. 공감 기법을 전달할 때는 별다른 준비가 필요 없을 것이다. 그러나 내담자에게 다소 부정적으로 여겨지는 직면, 즉 부정적 피드백을 전달할 때는 반드시 준비를 시켜야 한다.

② 구체성: 구체적인 행위를 말로 전달해야 한다. "넌 인간이 그러면 안 된다." "성격을 고쳐라." 같은 방식은 구체적인 변화를 이끌어 낼 수 없고 내담자의 저항을 유발할 뿐이다. 특히 부정적 피드백을 전달하는 상담 장면에서는 구체적인 피드백이 요구된다. 지각을 자주 한 내담자에게 "당신은 매번 늦는군요."라고 피드백을 하면 서운함과 상처를 유발할 수 있다. "당신은 몇 번째 회기에 몇 분 정도 늦었습니다."라는 식의 피드백이 전달되어야 한다. 즉, 내담자의 전반적인 문제가 아닌 특정 장면의 수정사항에 집중하는 것이 내담자에게 덜 위협적이고 그가 받아들이기도 쉽다.

③ 즉시성: 피드백은 문제행동이 나타난 직후에 하는 것이 효과적이다. 내담자의 문제행동은 자기도 모르는 새에 나타나기도 한다. 상담자는 그의 문제행동의 패턴을 파악한 후 상담 장면에

서 그 행동이 나타날 때 피드백을 해 주는 것이 좋다. 이때 그의 호소문제나 처한 현실과 연결 지어 종합적으로 피드백할 수 있다면 효과적일 뿐 아니라 파급효과도 클 것이다.

④ 변화 가능성: 피드백은 고칠 수 있는 것을 다룰 때에만 효과적이다. "살 빼라." "살 쪄라." "외향적으로 바뀌어라." ADHD 아동에게 "가만히 있어라."와 같은 피드백은 그 즉시 변화시키기 어려운 것들이다. 변화 불가능한 것을 고치라고 주문하는 것은 무의미하다. 내담자에게 변화 불가능한 것은 무엇일까? 성격의 변화, 성적의 향상은 하루이틀 사이에 변화시키기 어렵다. 따라서 "공부를 잘해라." "성적을 높여라."와 같은 주문은 무의미하다. 세밀하게 그의 행동패턴을 분석한 후 고칠 수 있는 요소부터 다루는 것이 효과적이다.

⑤ 비강요성: 내담자에게 고치라고 주문하는 순간 그것은 강요가 되어 반발을 자초한다. "한번 생각해 보기 바란다."와 같은 방식은 내담자의 내부 동력, 즉 내적 통제를 통해 스스로가 변화하도록 하는 것이다. 상담자가 끝까지 문제를 부여잡고 해결해 주는 것이 아니라, 내담자 스스로가 문제에 대한 통제감과 책임의식을 가질 때 문제는 개선 가능한 영역이 된다.

토의해 봅시다

2~4명씩 소집단으로 모여서 자신이 경험한 직면에 대해 토의해 보자. 내담자로서는 적절한 직면을 경험하였는지, 상담자로서는 효과적으로 직면 기법을 사용하였는지에 대해 분석해 보자.

(2) 과제의 부과

과제는 내담자가 수정해야 할 행동이나 생각을 직접적으로 경험해 보게 돕는 작업이다. 그동안 내담자는 1차원적 변화의 관점에서 자신의 문제에 집중해 왔다. 이제 상담자는 2차원적 변화의 관점으로 새로운 행동을 수행할 수 있게 도와야 한다.

그러나 과제가 아무리 쉽더라도 내담자에게는 그간의 행동패턴과 달라서 어렵고 부담스러운 새로운 행동 군이다. 상담자는 과제의 난이도를 무리하게 높여서는 안 된다. 쉽고 단순하고 재미있는 과제를 내담자와 함께 계획할 때 성공할 확률이 높아진다. 과제를 통해 내담자의 2차원적 변화를 도모할 수 있다.

토의해 봅시다

2~4명씩 소집단으로 모여서 자신이 경험한 과제 부과 사례를 소개해 보자. 단기상담에 적절한 과제 부과가 이루어졌는지, 그렇지 못하였다면 왜 그런지 분석해 보자.

(3) 종결 역할

상담의 종결은 시작만큼이나 의미 있는 작업이다. 상담의 중간 과정이 어떠하든지 간에 적절한 종결 역할을 수행하는 것은 상담의 효과를 평가하는 중요한 작업이다. 상담자는 상담 경험을 요약해 주고, 내담자의 성장과 변화를 적절히 평가하며, 미흡한 사항을 취급한 후 그동안 수고한 내담자의 장점을 피드백함으로써 마무리한다.

① 상담 경험 요약 하기: 상담자와 내담자는 전체 상담 과정에서 특별히 의미가 있었거나 도움이 되었던 경험을 요약해서 함께 나눈다. 이때 상담자가 먼저 자신의 소감을 전달하여 내담자에게 상담 경험의 요약에 대한 모델링이 되어 준다.

② 내담자의 성장과 변화 평가하기: 상담 종결을 앞두고 초기에 설정한 목표나 중간에 학습한 내용 중에서 내담자의 내적 성장과 행동 변화에 관련된 사항을 내담자의 구체적인 성장과 변화에 연결 지어 평가하는 것이다. 상담자는 내담자로 하여금 상담 시작 시점과 현재를 비교하여 그의 진보를 살펴보고 적용 가능성을 모색한다.

③ 미흡한 사항 다루기: 상담에서 미흡한 점은 항상 존재하므로 상담자는 이러한 경험을 적절하게 다루어줘야 한다. 내담자가 첫 회기에서는 예상불안을 경험하였다면 마지막 회기에서는 이별에 대한 아쉬움을 경험하게 된다. 상담자는 상담 과정에서 깊이 있게 다루지 못한 측면을 간단히 언급함으로써 상담의 성과로 연결 짓고 내담자가 상담에 대한 긍정적 시각을 가지고 떠나도록 돕는다.

④ 긍정적 피드백 전달하기: 상담자는 상담 과정 동안 수고한 내담자의 노력에도 초점을 맞춘다. 상담자는 상담에서 발견한 내담자의 장점과 노력을 구체적으로 피드백한다. 비록 미흡한 부분이나 고쳐야 할 점이 있더라도 작별을 앞둔 상황에서 상담자는 부정적 피드백을 하지 않도록 유의해야 한다.

토의해 봅시다

2~4명씩 소집단으로 모여서 상담자 또는 내담자로서 자신이 경험한 종결 장면을 소개해 보자. 효과적이고 적절한 종결이었는지 갑작스럽고 어색한 종결이었는지, 그렇게 된 요인은 무엇이었는지 분석해 보자.

제 4 장

구조화 단기상담 훈련의 실제

1. 훈련의 목표
2. 훈련의 구성과 내용
3. 구조화 단기상담 훈련의 실제
4. 핵심 상담기법 훈련의 실제

이 장에서는 구조화 단기상담 훈련의 실제를 워크북 형태로 소개한다. 독자들은 여기에서 제시된 내용들을 수업이나 집단훈련에서 또는 개인적으로 학습할 수 있을 것이다.

1. 훈련의 목표

구조화 단기상담 훈련은 역할 훈련과 슈퍼비전의 두 가지로 나뉜다. 역할 훈련의 목표는 상담자가 10회 내외의 구조화 단기상담을 이해하고, 상담의 흐름을 목표의 이해 단계, 탐색과 수용 단계, 자각과 변화 단계로 구분해서 각 단계별 역할을 터득하여 단기상담을 효율적으로 수행할 수 있게 하는 것이다. 슈퍼비전은 단기상담 역할 훈련에서 터득한 기법들을 실제 단기상담에 적용해 본 후 그 내용을 슈퍼비전 받는 방식으로 진행된다. 이 장에서는 구조화 단기상담 훈련을 통해 상담자가 구조화 단기상담의 각 단계별 역할을 효과적으로 수행할 수 있게 하는 것을 목표로 한다. 지도자들은 구조화 단기상담의 단계별 역할은 물론 핵심 기법들의 활용 능력을 높이는 데도 노력을 기울여야 할 것이다.

2. 훈련의 구성과 내용

구조화 단기상담 훈련은 구조화 단기상담의 흐름에 따라 목표의 이해 ⇨ 탐색과 수용 ⇨ 자각과 변화의 3단계로 구성된다. 피훈련자들은 각 단계별 역할을 연습함으로써 구조화 단기상담의 전체 과정을 이해하고 상담자 역할을 구조화시켜 효과를 이끌어 낸다. 훈련프로그램은 총 15시간으로 구성되어 있으며, 참가 인원의 규모나 수준에 따라 시간을 증감하여 사용할 수 있다. 또한 특정 내용을 반복적으로 실시해도 좋다. 각 단계별 내용은 다음과 같다.

1) 목표의 이해 단계

목표의 이해 단계는 상담의 목적과 성격에 대한 오리엔테이션을 통해 내담자가 상담 경험을 자신의 성장을 위해 최대한 활용할 수 있도록 하는 것이다. 주된 상담자 역할은 상담 구조화, 호소문제 명료화, 상담목표의 설정이다.

(1) 상담 구조화

상담 구조화는 상담에 대한 내담자의 예상불안을 감소시키고, 내담자의 준비도에 맞춰 상담의 목적과 상담자의 역할을 이해시키며, 상담 중에 지켜야 할 행동 규준을 이해하도록 돕는 것이다.

(2) 호소문제 명료화

호소문제 명료화는 내담자의 표면적 호소문제에 영향을 미치는 신체적 · 심리적 · 환경적 측면을 탐색하여, 내담자가 어떤 사람이며 어떤 상태에 있는지를 종합적으로 이해하는 과정이다.

(3) 상담목표의 설정

상담목표의 설정은 상담에 대해 모호한 기대를 갖고 있는 내담자에게 구체적이고 가시적인 상담목표를 갖게 하는 것이다. 상담자는 내담자가 상담 기간 내에 목표를 달성할 수 있을 정도로 구체적이며 조작적인 상담목표로 재진술하도록 도와야 한다. 구체적인 상담목표에는 대상, 장면, 행동이 포함된다.

저항과 의존성 다루기

저항과 의존성은 상담의 책임이 점점 내담자에게 이양될 때 내담자가 경험하는 부담과 불안의 표현 양식이므로, 상담자는 이를 효과적으로 다루어야 한다.

상담자는 내담자의 저항 반응을 피할 수 없는 현상으로 인정해 주고, 그것을 스스로 인정하고 처리하도록 격려하여야 한다. 저항이 생산적으로 처리되면 신뢰관계가 발달하기 시작하여 내담자의 자기개방이 증가한다.

의존성은 내담자가 상담자에게 지시, 충고, 평가를 기대하거나 인정과 수용을 바라는 태도다. 상담자는 의존성을 나타내는 내담자의 질문에 직접 답하기보다, 반응의 방향을 내담자에게로 돌려서 내담자로부터 문제 해결의 자원을 끌어내야 한다.

2) 탐색과 수용 단계

탐색과 수용의 단계는 심층 가족 탐색을 포함한 과거 탐색을 통해 자각과 변화로 이어지게 하는 단계다. 상담자는 내담자의 과거 경험은 심층 공감의 자세로 탐색하고 그의 상처 경험에 초점을 맞춤으로써 감정의 정화 작업을 돕는다. 주된 상담자 역할은 심층 가족 탐색, 감정의 정화 작업이다.

(1) 심층 가족 탐색

심층 가족 탐색은 내담자의 호소문제, 증상, 행동패턴의 원인과 관계된 어린 시절의 성장 과정을 문제의 촉발요인으로 보고 탐색하는 것이다. 과거 가족 간에 경험하였던 심리적 역동이나 특정 사건으로 인한 정서적 · 인지적 경험을 구체적으로 탐색할 때 현재 문제를 이해하고 수용하게 되어 단기상담에서 추구하는 실제적인 변화로 이어질 수 있다.

(2) 감정의 정화 작업

감정의 정화 작업은 내담자가 의미 있는 자기개방을 감행하기 시작할 때, 상담자가 심층적 공감과 자기개방 기법을 활용하여 그 문제와 관련된 감정을 개방하도록 돕는 것이다.

내담자의 행동패턴 탐색

이 단계에서 상담자는 내담자의 과거, 현재, 미래에 관한 경험 탐색을 통해 반복적인 비효과적 행동패턴을 찾는다. 행동패턴에는 내담자가 수년 또는 수십 년간 형성하고 발전시켜 온 태도, 습관, 성격, 가치관 등이 포함된다. 상담자는 행동패턴의 탐색을 통해 내담자의 문제를 호소문제 및 증상, 촉발요인, 유지요인 등으로 사례개념화할 수 있다.

3) 자각과 변화 단계

자각과 변화의 단계는 내담자의 행동 변화가 상담 장면과 일상생활에서 가시적으로 나타날 수 있도록 체계적이고 정교한 과제를 수행하는 단계다. 이 단계의 상담자 역할은 비효과적 행동패턴의 직면, 과제의 부과, 종결 역할이다.

(1) 비효과적 행동패턴의 직면

상담자는 내담자가 감정이 정화되어 심리적 여유를 갖게 되었을 때, 그 문제 상황에 연루되고 헤어나지 못하게 만드는 내담자의 비효과적 행동패턴을 직접적으로 다룬다. 직면을 통해 상담 밖의 문제와 관련된 내담자의 행동패턴을 그동안 상담 장면에서 나타난 행동패턴과 관련지을 수 있다.

(2) 과제의 부과

상담자는 내담자와 함께 브레인스토밍을 활용하여 문제 해결에 도움이 될 대안 행동을 찾는다. 과제 수행에 필요한 행동을 상담 장면에서 연습시킨 후 다음 회기 때 실행 여부와 그 결과에 관하여 보고하게 돕는다.

(3) 종결 역할

종결 역할은 내담자가 상담 경험을 정리하면서 실천에 대한 의지와 희망, 그리고 상담에 대한 긍정적 시각을 갖고 떠나도록 돕는 것이다. 여기에는 상담 경험 요약하기, 내담자의 성장과 변화 평가하기, 미흡한 사항 취급하기, 긍정적 피드백 전달하기 등이 포함된다.

표 4-1 구조화 단기상담 훈련프로그램의 구성과 내용

시제	단계	회	세부목표	내용	방법	시간
	오리엔테이션	1	구조화 단기상담의 의미와 훈련 과정을 이해한다.	-지도자 및 집단원 소개 -강의: 구조화 단기상담의 개관, 사례 소개	강의	2
현재	목표의 이해 단계 (1)	2	상담 구조화와 호소 문제 명료화 기법을 수행할 수 있다.	-시범: 상담 구조화 및 호소 문제 명료화 -실습: 조별 실습 후 피드백 -피드백: 활동 소감 나누기 및 질의응답	시범 실습 피드백	2
	목표의 이해 단계 (2)	3	공감 기법을 활용하여 내담자의 저항, 의존성을 다룰 수 있다.	-시범: 공감 기법으로 저항, 의존성 다루기 -실습: 조별 실습 후 피드백 -피드백: 활동 소감 나누기 및 질의응답	시범 실습 피드백	2

	목표의 이해 단계 (3)	4	행동목표 설정의 방법을 이해하고 수행할 수 있다.	–시범: 상담목표 설정 –실습: 조별 실습 후 피드백 –피드백: 활동 소감 나누기 및 질의응답	시범 실습 피드백	2
과거	탐색과 수용 단계 (1)	5	행동패턴의 탐색을 통해 유지요인을 이해할 수 있다.	–시범: 행동패턴 탐색 –실습: 조별 실습 후 사례개념화 및 피드백 –피드백: 활동 소감 나누기 및 질의응답	시범 실습 피드백	1
	탐색과 수용 단계 (2)	6	심층 가족 탐색과 감정의 정화 작업을 수행할 수 있다.	–시범: 심층 가족 탐색과 감정의 정화 작업 –실습: 조별 실습 후 사례개념화 및 피드백 –피드백: 활동 소감 나누기 및 질의응답	시범 실습 피드백	2
미래	자각과 변화 단계 (1)	7	비효과적 행동패턴에 대해 직면 기법을 수행할 수 있다.	–시범: 직면 기법 –실습: 조별 실습 후 피드백 –피드백: 활동 소감 나누기 및 질의응답	시범 실습 피드백	2
	자각과 변화 단계 (2)	8	비효과적 행동패턴을 수정할 수 있는 과제를 고안 · 적용할 수 있다.	–시범: 행동패턴 수정을 위한 과제 –실습: 조별 실습 후 피드백 –피드백: 활동 소감 나누기 및 질의응답	시범 실습 피드백	1
	자각과 변화 단계 (3)	9	종결 역할을 수행할 수 있다.	–시범: 종결 역할 –실습: 조별 실습 후 피드백 –피드백: 훈련 참여 소감 나누기	시범 실습 피드백	1

3. 구조화 단기상담 훈련의 실제

1) 목표의 이해 단계

상담자는 상담의 목적과 성격에 관한 오리엔테이션을 통해 내담자가 상담 경험을 자신의 성장을 위하여 최대한 활용할 수 있도록 돕는다.

(1) 상담 구조화

상담 구조화는 상담자의 이론적 접근, 상담의 형태, 내담자의 준비도에 따라 다르겠지만, 내담자가 무엇을 해야 할지, 어떻게 처신하는 것이 좋을지 궁금해하는 상담 초기에 특히 필요하다.

첫 회기에서 내담자는 새로운 상담 상황, 낯선 상담자와의 만남, 상담자에게 과연 수용될 것인지, 문제가 얼마나 해결될 것인지 등의 예상불안을 경험한다. 상담자도 내담자가 어떤 사람이며 이 상담을 효과적으로 이끌 수 있을지 등의 기대와 예상불안을 경험하게 된다. 상담자는 이러한 예상불안을 감소시키고 긴장을 풀어 줌으로써 신뢰할 수 있고 안정된 상담 분위기를 조성하는 데 힘써야 한다.

효과적인 상담 구조화를 위한 상담자 역할은 다음과 같다.

① 상담자 소개

② 상담자의 기대 전달하기

③ 상담자의 예상불안 전달하기

④ 내담자의 예상불안 다루기

⑤ 상담의 목적과 상담자의 역할 설명하기

⑥ 상담의 규칙 설명하기

상담 구조화 예시

"제 소개부터 하겠습니다. 저는 상담사 ○○○입니다. 저는 이곳에 ○년째 근무하고 있고, ○○대학원에서 학위를 마쳤으며, 내담자 같은 분을 한 해 ○명 정도 상담하고 있습니다. 어떤 분일까 궁금하였고, 좋은 도움이 되면 좋겠다는 마음으로 기다렸습니다. 한편으로는 원하는 만큼 도움이 안 되면 어떨까 신경 쓰이고, 제가 남자(여자)라서, 나이가 많아서(적어서) 어떻게 여기실까도 신경 쓰였습니다. 오는데 어떠셨나요? (내담자가 소감을 말한다.) 이전에 상담받아 본 적은 있으세요? (내담자가 상담 경험 유무를 말한다.) 그러면 상담에 대해 간단히 설명하겠습니다. 상담이란 내담자가 모든 것을 말한 후에 제가 답을 드리는 방식이 아니고 함께 대화하면서 해결책을 찾아가는 것입니다. 따라서 상담자인 저는 많이 들어드리는 역할을 하고, 필요할 때는 정보를 제공하는 역할도 하며, 마음의 상처가 있을 경우에는 치유되게 돕는 역할도 합니다. 비밀이 유지되니 대신에 열심히 참여하시면 좋겠습니다. 상담은 매주 1회씩, 한 번에 한 시간, 약 10주 정도 진행됩니다. 횟수는 중간에 의논해 가면서 진행하면 되겠습니다."

활동지

상담 구조화

2인 또는 3인 1조로 나뉘어 구조화 역할을 시연해 보자. 상담자 역할과 내담자 역할을 구분해서 진행할 때 관찰자는 상담자의 태도나 표정, 구조화 내용 등에서 수정이 필요한 부분을 찾아 피드백한다. 실습이 끝나면 상담 현장에서 구체적으로 추가되어야 할 부분이 있는지, 있다면 어떤 것을 추가해야 할 것인지 토의해 보자.

상담자:

(2) 호소문제 명료화

상담자는 내담자의 표면적 호소문제를 탐색함과 동시에, 그 문제에 영향을 미치는 다양한 측면, 즉 신체적 · 심리적 · 환경적 측면을 탐색하여 내담자가 어떤 사람이며 어떤 상태에 있는지를 종합적으로 이해해야 한다. 특히 공감 기법을 활용함으로써 상담 분위기를 조성하고 탐색의 방향을 이끌어 간다.

(3) 공감 기법의 활용

▶ 공감의 방법

① 상대방 입장에서

② 그의 느낌을 추측하여

③ 직접 말로 전달하기

표 4-2 **공감 척도의 예시**

공감 척도	
1.0	**내담자의 마음을 상하게 하는 반응** 상담자가 내담자의 표면적인 느낌에 적절하게 주의를 기울이지 않음
2.0	**내담자의 반응 수준을 낮아지게 하는 반응** 내담자의 표면적인 느낌을 알고 있다는 사실이 조금만 전달됨
3.0	**표면적 느낌의 반영** 내담자의 표면적인 느낌을 정확하게 반영함
4.0	**심층적 느낌의 반영** 내담자의 심층적 감정까지 이해하고 반영함

활동지

공감 반응

다음 〈예제〉의 장면에서 공감 반응을 최소 3회 이상 해 보자. 이때 내담자 역할은 상담자가 적절히 공감 반응을 할 수 있도록 대화를 이어 간다.

〈예제 1〉

내담자: 부모님이 이번 주말에 오셔요. 실은 이번 학기 성적표를 받아 보시고 꾸중하러 오시는 겁니다. 학사경고를 받았거든요.

상담자: .... 하기 때문에 .... 하게 느끼는군요.
.... 하기 때문에 .... 하게 느끼는군요.
.... 하기 때문에 .... 하게 느끼는군요.
.... 하기 때문에 .... 하게 느끼는군요.

〈예제 2〉

내담자: 우리 아들 녀석 때문에 정말 골치가 아파요. 이제는 제 말도 전혀 들으려 하지 않아요. 도대체 어떻게 다루어야 할지 모르겠습니다.

상담자: .... 하기 때문에 .... 하게 느끼는군요.
.... 하기 때문에 .... 하게 느끼는군요.
.... 하기 때문에 .... 하게 느끼는군요.
.... 하기 때문에 .... 하게 느끼는군요.

〈예제 3〉

내담자: 우리 팀의 ○○ 때문에 요새 신경이 쓰여요. 상식이 없는 사람인가, 도대체 툭하면 일이 터지니 원……. 참……. 뭐라고 자꾸 말하기도 어렵고…….

상담자: .... 하기 때문에 .... 하게 느끼는군요.
.... 하기 때문에 .... 하게 느끼는군요.
.... 하기 때문에 .... 하게 느끼는군요.
.... 하기 때문에 .... 하게 느끼는군요.

〈예제 4〉

내담자: ○○에 가기가 싫어요. 친한 애들도 없고, 선생님도 따분한 이야기만 하셔요.

상담자: .... 하기 때문에 .... 하게 느끼는군요.
.... 하기 때문에 .... 하게 느끼는군요.
.... 하기 때문에 .... 하게 느끼는군요.
.... 하기 때문에 .... 하게 느끼는군요.

이번에는 2인 또는 3인 1조로 나뉘어 상담자, 내담자, 관찰자 역할을 하면서 자신이 직접 겪고 있는 문제를 사례로 활용해 보자. 내담자가 자신의 문제를 소개하면 상담자는 최소 3회 이상 공감 반응을 해 주고, 관찰자는 공감 반응이 얼마나 효과적인지 혹시 수정할 부분이 있는지 피드백해 준다.

내담자: ....

....

상담자: .... 하기 때문에 .... 하게 느끼는군요.

.... 하기 때문에 .... 하게 느끼는군요.

.... 하기 때문에 .... 하게 느끼는군요.

활동지

공감 기법을 활용한 호소문제 명료화

2인 1조로 나뉘어 상담자와 내담자 역할을 하면서 다음의 사례를 읽고 상담자가 사용한 기법들을 분석해 본다.

내담자: 아무한테도 이야기 안 한 건데……. 세 살 위 형이 있는데, 형이 이혼을 했어요. 그때 제가 마음이 상당히 안 좋았거든요. 부담도 많았고요. 형수님도 많이 좋아했고 제게 잘해 줬는데, 그렇게 된 원인을 보니 제가 상상도 못한 일이 많이 벌어졌더라고요. 그런데 와이프가 상당히 비슷하게 나가는 것 같아요.

상담자: 형처럼 될까 봐 겁난단 말이군요.

내담자: 예, 겁나요. 와이프는 어떻게 생각하는지 모르겠지만, 전 솔직히 많이 겁나요.

상담자: 형수가 평소 하는 행동과 비슷해서 겁난단 말이죠?

내담자: 예, 어느 정도 비슷하냐 하면 일단 가정환경도 비슷해요. 딸만 둘 있는 집의 맏이라는 점도 똑같고, 전공이 음악이라는 것까지 똑같아요. 그런 상황에서 형도 그때 취직하고 얼마 안 돼 바로 결혼해서, 집 마련하는 여유 없이 빨리 하는 바람에 형수 쪽에서 도움을 좀 받았거든요.

상담자: 그 상황도 내 것과 비슷한 것 같아서 점점 두렵고 죄어 오는 것 같고요.

내담자: 예, 사실 형이 도움받았다는 것도 딴 거 할 것 빼서 돈을 같이 썼다는 거지, 전적으로 도움받기만 한 건 아니거든요.

상담자: 그래도 번듯하게 내가 척척 준비한 게 아니고, 형수 때처럼 돈을 같이 모아서 뭔가를 하였다거나 한 점이 비슷하니까, 싸울 때마다 약간 불안하겠어요.

내담자: 예, 저 같은 경우도 결혼을 올해 이렇게 할 줄은 생각도 못 했어요. 저는 연애하는 게 서툴렀기 때문에 결혼을 빨리 하고 싶다는 마음은 있었지만, 만나 볼수록 '아하! 이게 빨리할 것은 아니구나, 절차를 밟아야겠구나.'라고 생각했는데, 와이프 부모님이 연세가 많아요. 아버지 나이가 환갑이 넘으셨어요. 자식이 아직 결혼을 안 하니까 마음이 급해지셨나 봐요. 집에서 서두르는 마음이 크더라고요. 저는 버텼는데, 그것 때문에도 많이 싸웠고. 그러다 어찌어찌 결혼하였는데, 솔직히 제가 뭐가 있겠어요?

상담자: 남에게 떳떳하게 내세울 위치가 아니라서 부담되고, 또 여자는 음악 전공하니까 돈도 벌지만 난 아직 그렇지 못해서 주눅 들고, 결혼 준비하는 과정에서도 불안하고, 끌

려가는 것 같아서 찝찝하단 말이군요. 게다가 결혼 절차에서 형수 문제가 오버랩되고, 한마디로 말해서 내 입지가 약하고 처량해 보였겠어요.

내담자: 예, 저는 나름대로 그렇게 생각했어요. 이 친구는 저를 많이 도와줬어요. 대학 때부터 우리집이 많이 어려워져서 상당히 괴로움을 겪고 있었는데, 그때 만나서 많이 위로가 됐었고요. 결혼할 때도 사실은 일반적으로 하는 것보다는 남자 여자가 바뀌었죠. 집을 와이프가 해 오고, 제가 가재 도구며 예식비용, 여행비용을 하였으니까요. 어떻게 보면 그것도 사회적 선입견이 있으니까.

상담자: 그런 것 생각하면 주눅 들기도 하고, 신경도 쓰이겠어요.

내담자: 예, 게다가 그쪽 집이 정말 적응하기 힘든, 처음 보는 스타일이었거든요. 어떤 분위기냐 하면 많이 서둘러요. 사귈 때부터 저를 사위 대하듯이 했어요. 저는 괜찮은데, 와이프 동생이 남친이 있어요. 그런데 그 친구도 벌써부터 사위처럼 대접받아요. 일주일에 두세 번 와서 사위 노릇을 해요.

상담자: 우리집과는 너무 달라서 적응이 안 되고 어리둥절했겠어요. 왜 이러는가 싶었겠어요.

내담자: 우리집은 좀 따지거든요. 근데 저는 너무 적응이 안 되더라고요. '집에 와서 밥 먹어라.' 이런 것도 가끔은 그럴 수 있어요. 근데 연애할 때도 매주 오라 해서 안 가면 삐치고, 너무 부담스러웠어요.

상담자: 가면 부담스럽고, 이러다 발목 잡히는 게 아닌가 싶고, 여

유를 두고 생각하면 편할 텐데 끌려가는 것 같아서 부담 되었군요.

내담자: 근데 싸우면 항상 처가 집에서 문제가 나와서 싸우게 되더라고요. 저도 우리집 돌보고 싶어요. 근데 와이프는 마치 세 끼 배부르게 먹고 디저트까지 먹는 기분인 것 같아요. 따지면 제가 더 우리집 챙겨 드려야죠.

상담자: 오히려 와이프가 친정만 돌보는 것 같아 속상한데, 그걸 따지려니 애매하고 속만 삭이게 됐군요.

내담자: 제가 무의식적으로 처가를 싫어하는 게 눈에 보이겠죠. 집에 가자고 하면 말을 안 한다거나 표정에 뭔가 나타나니까. 그러면 또 싸우게 되고요. 그런데 한편으로는 제가 생각하는 게 맞을까 싶기도 해요.

상담자: 사실은 내가 주도권 잡고 양쪽 다 좋은 쪽으로 가고 싶은데, 내가 대응하는 방식이 고민이 되나 봐요.

(4) 저항 다루기

상담자가 주도적인 초반 회기에서는 내담자가 비교적 쉽게 참여할 수 있었지만, 본격적인 탐색 과정에서는 상호작용의 초점이 개인적인 이야기로 옮겨지기 때문에 부담과 불안을 경험하게 된다.

상담자는 내담자의 저항 반응을 그가 어떤 모험을 감행하기 전에 자연스럽게 나타내는 반응으로 이해하고 존중해야 한다. 또한 내담자 스스로 저항을 인정하고 처리하도록 격려하는 개방적인 상담 분위기를 조성해 준다.

▶ 저항의 양상

- 자신은 도움받을 문제가 없는 것처럼 행동하기
- 타인의 문제점을 제시하기
- 피상적이고 제한적이며 틀에 박힌 이야기
- 침묵하기
- 기타: ________________

활동지

공감 기법을 활용한 저항 다루기

2인 또는 3인 1조로 나뉘어 상담자, 내담자, 관찰자 역할을 하면서 자신이 경험한 내담자의 저항 장면을 사례로 활용해 보자. 내담자가 저항 반응을 묘사하면 상담자는 최소 3회 이상 공감 반응을 하고, 관찰자는 저항 반응에 대한 공감의 효과성을 피드백해 준다.

내담자: (침묵)

상담자: .... 하기 때문에 .... 하게 느끼는군요.
.... 하기 때문에 .... 하게 느끼는군요.
.... 하기 때문에 .... 하게 느끼는군요.
.... 하기 때문에 .... 하게 느끼는군요.

활동지

비자발적 내담자에 대한 구조화와 호소문제 명료화 예시

2인 1조로 상담자와 내담자 역할을 수행한다. 상담자와 내담자는 다음의 축어록을 읽으면서 시연해 보고 상담자가 사용한 기법들을 분석해 본다.

상담자: 어서 와. 무슨 일로 왔어?

내담자: (심드렁한 표정으로) 가 보라고 해서.

상담자: 듣기에 별 뜻 없이 왔다 싶은데?

내담자: (고개를 좌우로 돌리고 돌아보면서) 예.

상담자: 그래도 담임선생님이 가라고 하셨으면 그분이 볼 때 문제가 있으니까 그러시겠지? 그러니?

내담자: (책상을 손바닥으로 문지르고 탁상달력을 만지며) 예.

상담자: 보통 때도 이렇게 만지고 그래? 나하고 있으면 초조해?

내담자: 아니요.

상담자: 내 얘기는 별로 흥미가 없는 것 같네.

내담자: (방을 여기저기 둘러본다)

상담자: 담임선생님을 추측해 봐. 너한테 무슨 어려움이 있어서 가라고 하셨을까?

내담자: 애들과 맨날 싸워요.

상담자: 얼마나 자주? 맨날?

내담자: 예.

상담자: 맨날, 그럼 걱정할 만하네? 친구도 없는데 무슨 일로 싸워?

내담자: (피식 웃으며) 그러니까 친구가 없죠.

상담자: 친구 생길 듯하면 싸워서 버리지?

내담자: (눈을 내리깔고 잘 알아듣기 어려운 말소리로) 예. 선생님이 뭐 하라 할 때 화나서 반발하면 야단치고, 실수할 때 뭐라 그러고.

상담자: 내가 들은 것은 두 가지야. 선생님이 시킨 것이 화가 나서 반발하고, 실수할 때 뭐라 하니 속상해서 또 반발하고. 그러니까 선생님 눈에는 문제 학생으로 보이지.

내담자: 공부는 하는데.

상담자: 공부는 잘하는지 모르지만, 내가 선생님이라면 버티는 애는 비협조적으로 보이지. 답답한 사람으로 볼 수 있겠지.

내담자: (몸을 심하게 움직이며) 버스.

상담자: 하던 얘기 더 해 봐.

내담자: (자리에서 일어났다가 비스듬히 앉으며) 버스, 늦었어요.

상담자: 그 얘긴 좀 있다 하고, 선생님이 지적하는 것은 어떻게 생각해?

내담자: (벽을 보면서 손을 휘저으며) 전 나쁜 짓 안 했어요.

상담자: 예를 들어, 집에서 아버지가 가구를 옮기는데 안 도와줘? 그런 사람 어떻게 생각하니?

내담자: (방 옆의 화분을 가리키며) 나무 이름 뭐예요?

상담자: 몰라. 하던 이야기 계속하자. 나 혼자만 열심히 말하는 것 같구나. 대답 회피하는 것 아냐?

내담자: 저만 뭐라 하니까 싫어요.

상담자: 왜?

내담자: 전 안 떠들었어요. 체육시간에 그 자식이 반칙해서 싸웠어요.

상담자: 넌 공평에 관심이 많구나.

내담자: 예. 하지만 선생들은 안 그래요.

상담자: 나도 선생님들이 좀 더 다른 방법을 썼으면 싶지만, 선생님들은 잘 모를 때가 있어.

내담자: (활짝 웃으면서 큰 소리로) 맞아요!

상담자: 그래, 선생님이 공평했다면 화 안 냈을 텐데, 넌 나름 억울하겠다. 그런 일이 계속되지 않아?

내담자: (한숨을 쉰다.)

상담자: 난 걱정된다. 불공평 때문에 너만 계속 혼나고, 그 운명이 계속되겠어.

내담자: (침묵 10여 초. 갑자기 상담자의 볼펜을 집어 든다.)

상담자: 볼펜 하나 더 줘?

내담자: 어째야 돼요? 모르겠어요.

상담자: 알 리가 없지. 알았으면 계속 이래? 네가 똑똑하지만 요령이 없구나. 융통성도 없고, 참을성도 없고, 중학생인데 계속 아이 같아. 왜냐하면 외동이라서 집에 혼자밖에 없어서 부모 정성만 잔뜩 들었어. 그래서 남의 입장을 고려하지 못 해. 네 입장만 중요해.

내담자: (침묵 10여 초)

상담자: 내 말이 그럴듯한가 보구나.

내담자: 예. 과학관, 나만 빼놓고 갔어요.

상담자: 기분 나쁘겠다.

내담자: (픽 웃으며) 안 가는 게 낫지.

상담자: 그래도 가는 게 낫지.

내담자: 가면 싸워요.

상담자: 비슷한 것 같다. 늘 네 맘대로 하지? 함께하는 것이 없지?

내담자: 내가 한 번 해 주면 걔들도 해 줘야 하는데, 안 해 줘요.

상담자: 꼭 그렇지 않지. 예를 들면, 산은 전체적으로 아름답지만, 나무가 많은 곳도 있고 없는 곳도 있거든.

내담자: 언제 양보해요?

상담자: 모르지. 언젠가 양보하면 전체적으로 한 번 양보받을 수 있지.

내담자: (비스듬히 의자에 걸터앉은 채) 그렇지만, 애들이 따라 주면 좋겠어요.

상담자: 그래. 부모처럼 해 주면 좋지. 하지만 앞으로 나이 들면서 양보할 일이 더 많지. 결혼해도.

내담자: 장가 안 가요. 잘못 안 해요.

상담자: 장가 갈 수도 있지. 잘못할 수도 있지. 네 중심적이야. 그런 생각 안 해 봤지? 아무리 자질이 있어도 자기만 생각하면 친구는 없어지고 외로워지고 공부 못하게 되고. 생긴 건 얼마나 잘생겼어? 생각해 봐.

내담자: (눈을 내리깔고) 예.

상담자: 담임선생님이 왜 보냈는지 알겠니?

내담자: 예.

상담자: 그렇게 얘기하니 내가 기쁘다. 그동안 오해도 많고 억울한 일도 많았지? 나보다는 친구 잘못이 크다 싶었지? 지금

생각은?

내담자: 양보도 하고, 지적도 받고요.

상담자: 이제 그런 생각도 되지? 하지만 지적 또 받으면 또 억울할 거다. 그래도.

내담자: (테이블을 손으로 여러 번 치면서) 나 여기 올게요. 친구도 없어.

상담자: 여기 오는 목적은 친구 사귀기지. 어떻게 하면 친구랑 잘 지낼 수 있을지 방법을 이야기해 보자. 어떻게 해야 되냐? 지금보다 친구들과 타협하는 일이 많아지면 좋겠어. 또?

내담자: 같이 집에 가고.

상담자: 그래. 혼자 가면 기분이 안 좋지. 다음에 더 해 보고, 친구에게 제안하는 방법도 배워 보자.

내담자: 예.

상담자: 상담이 뭔지 알겠지? 끝나고 나면 무슨 도움을 받았는지 얘기해 보자. 넌 잘해 보려고 하고 똑똑하니까, 5회 만나면 좋겠어. 매주 한 번 수업시간 45분 정도 이야기하고, 약속하고, 못 지키면 연락하고.

내담자: 예.

(5) 의존성 다루기

내담자는 상담에 익숙하게 되면서 상담자의 지시나 충고, 인정에 의존하는 행동을 하게 된다. 여기에는 상담자에 대한 개인적인 관심, 맹목적인 질문 등이 포함된다. 상담자는 의존성을 나타내는 내담자의 질문에 직접 응답하는 대신, 반응의 방향을 내담자에게로 돌림으로써 그로부터 자원을 이끌어 낸다.

활동지

공감 기법을 활용한 의존성 다루기

2인 또는 3인 1조로 나뉘어 상담자, 내담자, 관찰자 역할을 하면서 자신이 경험한 내담자의 의존성을 사례로 활용해 보자. 먼저 내담자 역할은 상담자에게 질문하는 형태로 의존성을 표현해 보자. 이때 상담자는 내담자의 의존성을 공감 반응으로 다루어 준다. 관찰자는 상담자의 공감 반응에 대해 피드백해 준다.

내담자: 제 문제가 과연 해결될까요?
선생님은 이런 문제를 다루어 보셨나요?
다른 사람들도 이런 문제로 많이 고민하나요?

상담자: .... 하기 때문에 .... 하게 느끼는군요.
.... 하기 때문에 .... 하게 느끼는군요.
.... 하기 때문에 .... 하게 느끼는군요.
.... 하기 때문에 .... 하게 느끼는군요.

(6) 상담목표의 설정

내담자는 모호한 생각이나 기대로 상담에 참여하므로, 상담자는 내담자가 도움받으려는 호소문제나 상담에 대한 욕구를 구체적으로 탐색해야 한다. 구체적인 목표 설정은 상담의 효과와 평가에 필수적이다. 목표가 분명할 때 내담자는 참여 동기가 높아지고 효과와 변화에 대한 능동적이고 책임지는 존재가 된다.

▶ 목표의 유형

- 해로운 목표: "자살하고 싶다." "누군가를 죽이거나 상처를 입히고 싶다."와 같이 자신이나 타인에게 해를 입히려는 호소문제가 여기에 해당한다. 이때 상담자는 논박하거나 설득하려고 하기보다 내담자의 원망과 분노, 좌절에 대해 공감하고 반영하는 데 힘써야 한다.
- 목표 없음: 비자발적 내담자는 자신을 변화시키거나 상담을 통해 도움받을 생각이 없음에도 불구하고 부모나 교사의 의뢰, 판사의 명령으로 상담실에 왔다. 상담자는 오랫동안 희생자로 지낼 수밖에 없었던 내담자의 경험과 처지를 공감해 줌으로써 생존의 자원을 찾을 수 있게 돕는다.
- 부정적 목표: 내담자가 "덜 우울하고 싶다." "인간관계에서 갈등이 덜 생겼으면 좋겠다." "왕따 당하지 않고 싶다."와 같은 목표를 갖고 오는 경우, 상담자는 이 진술들을 긍정적인 표현으로 바꿔 준다.
- 긍정적 목표: 부정적 목표를 긍정적 목표로 바꾸면서 구체적인 대상, 장면, 행동을 찾아낸다. 대화를 통해 최근에 더 행복감을 느꼈던 적이 있는지, 누구와 그런 경험을 하였는지 또는 하고 싶은지 등을 탐색한다.

▶ 목표 설정 시 유의사항

- 과거보다 미래로부터 원인 탐색하기
- 변화와 정체 중에서 선택하기
- 목표의 성취보다 전진의 과정 수용하기
- 목표 설정의 책임 지우기

▶ 목표 설정의 구체적 방법

- 긍정적 목표로 변환하기
- 구체적이고 가시적인 행동용어로 진술하기
- 평가의 방법 고안하기
- 질문과 공감 활용하기

활동지

목표 설정

2인 또는 3인 1조로 나누어 목표 설정을 연습해 본다. 내담자 역할은 자신의 문제나 특정 사례를 호소문제로 소개한다. 상담자 역할은 내담자의 호소문제로부터 구체적인 대상, 장면, 그때 내담자의 행동, 그렇게 행동한 이유, 원하는 목표 등을 질문해 본다. 이때 상담자는 반드시 각각의 질문 후에 공감 반응을 해 줌으로써 내담자가 더 편안하게 자신의 문제를 탐색할 수 있도록 촉진한다.

호소문제: ………………………………

………………………………

………………………………

① 구체적인 대상: '어떤 사람과 관계하기 어려운가?'

………………………………

………………………………

② 구체적인 상황: '어떤 상황에서 부담을 느끼는가?' '최근에 그런 적이 있는가?'

………………………………

………………………………

③ 구체적인 행동패턴: '그 장면에서 어떻게 행동하였는가?'

………………………………

………………………………

④ 행동패턴의 원인: '그렇게 행동한 이유는 무엇인가?'

………………………………

………………………………

⑤ 구체적인 목표의 확인: '어떻게 되기를 바라는가?'

………………………………

………………………………

사례개념화

① 호소문제 및 증상

② 촉발요인

③ 유지요인

④ 대안 및 목표

2) 탐색과 수용 단계

이 단계에서 상담자는 내담자의 과거 경험들과 심층 가족 탐색을 통해 감정의 정화를 경험하게 하여 자각과 변화의 단계로 이행하게 돕는다. 내담자는 과거 탐색에 집중함으로써 자신이 처한 현실을 깊이 있게 탐색하고 수용하는 경험을 하게 된다.

(1) 심층 가족 탐색

가족의 심리적 속성을 중심으로 과거 어린 시절의 가족관계를 심층적으로 탐색함으로써, 호소문제 및 비효과적 행동패턴의 원인을 이해하고 수용하게 돕는다.

① 기본 형제자매 관계 파악

- 나이: 상대적 연령으로 파악한다(예: +2, −3).

② 형제자매에 대한 세부 탐색

- 누가 내담자와 비슷한가(차이가 나는가)? 어떤 면에서 그러한가?
- 내담자는 어떤 아이였는가?
  - 지능, 근면성, 성적은 누가 더 뛰어난가?
  - 집안일은 누가 주로 하는가? (순응성/반항성)
  - 유머 감각이나 비판적 태도는 누가 더 많은가?
- 누구와 친하였는가? 누가 누구를 돌봐 주었는가?
- 누가 아버지(어머니)를 가장 좋아하였는가? (어떻게 좋아하였는가?)
- 누가 가장 잘 지내고 누가 가장 못 지냈는가?

③ 부모에 대한 탐색

- 부모의 나이/직업
- 부모는 각각 어떤 분이었는가? (부부간의 관계)
- 누가 내담자에게 희망을 가졌는가? (어떤 식으로 표현하였는가?)

활동지

심층 가족 탐색

2인 또는 3인 1조로 나누어 심층 가족 탐색을 연습해 본다. 내담자 역할은 자신의 원가족 문제를 적절한 수준에서 개방한다. 상담자 역할은 앞서 다룬 질문들을 활용하여 내담자의 어린 시절을 탐색한다. 이때 상담자는 질문 후 반드시 공감 기법을 사용함으로써 내담자가 수용받는 경험을 하도록 도와야 한다. 필요한 경우에 상담자는 자기개방 기법을 활용해도 좋다.

내담자: ....

....

....

....

....

....

....

상담자: ....

....

....

....

....

....

....

(2) 자기개방 기법의 활용

▶ 자기개방이란?

상담자가 자신의 생각/경험/느낌을 내담자의 관심/흥미와 관계지어 전달하는 것이다.

▶ 자기개방의 방법

① 내담자의 경험과 비슷한 과거 경험을 구체적으로 말하고

② 상담자가 느낀 감정을 표면적 수준에서 전달한 후

③ 상호 간의 유사성을 연결 짓기

표 4-3 **자기개방 척도의 예시**

자기개방 척도	
1.0	**자기개방을 거부함** 상담자가 자신에 관해 아무것도 나타내지 않거나, 자신의 욕구를 충족시키기 위해 자기개방함
2.0	**반응수준이 저하됨** 상담자가 자발적으로 개방하지 않으며, 내담자가 질문할 경우에만 간단히 반응함
3.0	**일반적인 경험에 대한 개방** 상담자가 내담자의 관심사와 관계되는 자신의 생각, 태도, 경험을 표면적 수준으로 개방함
4.0	**특별한 경험에 대한 개방** 상담자가 모험을 무릅쓰고 자신의 생각, 경험, 느낌을 내담자의 경험과 관계지어 기꺼이 제공함

▶ 자기개방 시 유의사항

- 내담자의 문제와 비슷한 수준에서 개방하기
- 내담자의 문제와 비슷한 발달 시기의 경험을 개방하기
- 문제 해결 전까지의 상태에 대해서만 개방하기
- 생동감 있는 용어를 사용해서 구체적으로 설명하기

상담자는 어디까지 자기개방을 해야 할까

[그림 4-1]은 상담자가 자기개방을 할 때 유의점을 시각적으로 표현한 것이다. 내담자의 현재 문제는 아직 미해결 상태지만, 상담자의 문제는 이미 해결된 과거의 것이다. 그러나 상담자가 자신의 문제가 해결되었다고 해서 결말까지 개방하는 것은 비효과적이다. 상담자 경험을 내담자가 겪고 있는 상태까지만 개방하는 것이 내담자가 자신의 문제를 스스로 관찰할 수 있게 해 주기 때문이다.

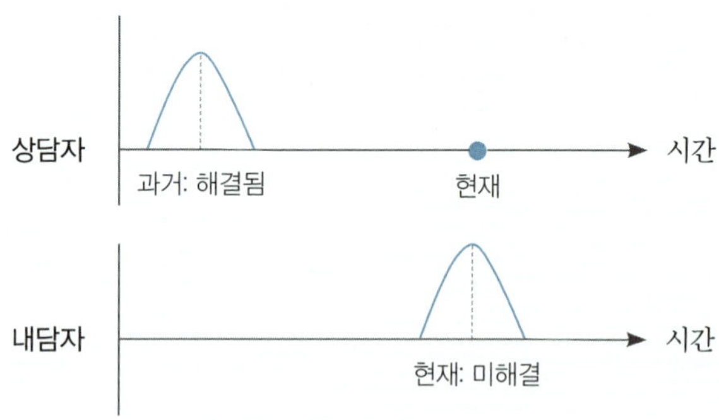

[그림 4-1] 자기개방의 수준

활동지

자기개방 반응

다음 〈예제〉의 장면에서 자기개방 반응을 해 보자. 이때 내담자 역할은 상담자가 적절히 공감 반응을 할 수 있도록 대화를 만들어 가는 것이 좋다.

〈예제 1〉

내담자: 저는 지난 중간고사를 망쳤어요. 그런데 공부에 집중이 안 돼요. 괜히 하는 일도 없으면서 빈둥거리고 인터넷이나 하면서 시간을 보내는데, 기말시험이 다가와도 공부가 안 돼요.

상담자: ....

〈예제 2〉

내담자: 작년 한 해는 너무 힘들었어요. 그런데 (한숨을 쉬며) 앞으로 뭘 해야 할지 잘 모르겠어요. 한편으로는 그저 푹 좀 쉬고 싶기도 하고, 또 한편으로는 공부를 좀 해 볼까 하는 생각도 있어요.

상담자: ....

....

....

〈예제 3〉

내담자: 우리 팀은 적응하기가 너무 어렵습니다. 팀장님은 번번이 저를 무능하다고 단정해 버리죠. 지난번 회의시간에도 팀장님이 저에게 대놓고 빈정대시더라고요.

상담자: ....

....

....

....

〈예제 4〉

내담자: 저는 역사를 전공하고 싶은데, 부모님은 경영학과를 가라고 하셔요.

상담자: ....

....

....

....

이번에는 2인 또는 3인 1조로 나뉘어 상담자, 내담자, 관찰자 역할을 하면서 자신의 문제를 사례로 활용해 보자. 내담자가 자신의 문제를 제시하면 상담자는 자기개방 반응을 해 보고, 관찰자는 상담자의 자기개방 반응이 얼마나 효과적인지 혹시 수정할 부분이 있는지 피드백해 준다.

내담자: ....

....

....

상담자: ....

....

....

(3) 감정의 정화 작업

상담자와 내담자 간에 위협적인 자료까지 공유할 정도의 신뢰관계가 발달되었기 때문에 내담자는 더 깊은 수준의 개방을 감행하기 시작한다. 이때 상담자는 공감과 자기개방 기법을 활용하여 그 문제와 관련된 감정의 응어리를 해소하도록 돕는다.

3) 자각과 변화 단계

(1) 비효과적 행동패턴의 직면

감정의 정화 작업이 충분히 이루어진 후에는 그 문제 상황에 연루되고 헤어나지 못하게 만드는 내담자 자신의 비효과적 행동패턴을 직면한다. 직면은 상담 밖의 문제를 상담 중의 상호작용에서 나타난 내담자의 행동패턴과 연결 짓는 것이 효과적이다. 상담자는 내담자의 행동에 대하여 구체적이고 즉시적으로 직면함으로써, 자신의 비효과적 행동패턴이 문제를 유지 · 악화시켜 온 것을 이해하고 수용하도록 돕는다.

(2) 직면 기법의 활용

▶ 피드백의 5요소

- 준비성: 내담자가 피드백을 생산적으로 처리할 준비가 되어 있는지에 대하여 상담자가 주의 깊게 고려하여야 한다. 피드백은 신뢰감이 형성되고 위협적이지 않은 관계에서 주어질 때 가장 효과적이다.
- 구체성: 잘못된 행동을 하게 된 이유나 그 뒤에 숨어 있는 동기에 대한 것보다 사실 자체에 대한 구체적인 보고의 형태가 효과적이다. 가급적 동기나 원인에 대한 추리보다는 관찰한 행동 자체에 초점을 맞추어야 한다. 피드백은 분명하고 왜곡되지 않고 구체적이어야 한다.
- 즉시성: 내담자가 한 행동의 직후에 주어질 때 가장 효과적이다. 상담자는 여기-지금의 자세로 내담자의 행동에 대해 피드백하는 일치성을 유지해야 한다.
- 변화 가능성: 변화가 가능한 행동에 한해서 피드백해야 한다. 아무리 정확한 피드백이라고 하더라도 내담자의 행동을 변화시킬 수 없다면 소용이 없다. 바람직한 대안 행동까지 제안될 때 피드백은 더 효과적이다.
- 비강요성: 피드백을 받는 사람의 행동을 변화시키려 하거나 충고를 주는 것보다 피드백을 주는 사람이 갖는 생각과 정보를 함께 나누어 가지는 형식으로 전달해야 한다.

▶ 직면의 방법

- 내담자의 구체적인 비효과적 행동패턴을 제시하기
- 계속될 경우에 일어날 부정적 결과를 설명하기
- 상담자의 안타깝고 걱정되는 마음을 전달하기
- 비강요적으로 한번 생각해 보기를 권유하기

토의해 봅시다

직면 기법을 사용할 때 비효과적인 단어들은 무엇일까? 상담자는 직면을 할 때 부지불식간에 내담자에게 상처를 주는 단어를 사용할 수 있다. 어떤 단어들이 내담자에게 서운한 감정과 방어적인 태도를 갖게 하는지 토의해 보자.

활동지

직면 반응

다음 〈예제〉의 장면에서 직면 반응을 연습해 보자. 내담자는 괄호 안의 비효과적 행동패턴을 가정해서 표현해 보자.

〈예제 1〉

내담자: (내담자가 상담시간에 자주 늦게 나타난다.)

상담자: ....

....

〈예제 2〉

내담자: (내담자가 상담자를 잘 쳐다보지 않고 알아듣기 어렵게 웅얼웅얼 말한다.)

이 부서는 적응하기가 너무 어려워요. 회의시간에 제가 말할 때마다 팀장님은 그냥 묵살해 버리세요. 어떻게 해도 인정을 받을 수 없어요.

상담자:

〈예제 3〉

내담자: (상담자를 향해 굳은 표정과 거친 말투로 말한다.)

요즘 후배들은 너무 건방지고 선배를 우습게 여기는 것 같아요. 제가 군대 가기 전만 해도 선배는 하늘 같았는데, 지금 후배들은 뭘 시켜도 들은 척을 안 해요.

상담자:

〈예제 4〉

내담자: (상담자가 끼어들 틈을 주지 않고 계속 이야기한다.)
우리 아이는 이제 고3인데 아직도 희망하는 학과가 없어요. 뭘 하고 싶은지 아무리 물어도 대답을 안 해요. 수능은 다가오는데 답답해서 못 살겠어요.

상담자: ....

....

....

....

이번에는 2인 또는 3인 1조로 나뉘어 상담자, 내담자, 관찰자 역할을 하면서 자신의 문제 또는 상담 장면에서 겪은 사례를 활용해 보자. 내담자가 비효과적 행동패턴을 묘사하면서 문제를 호소할 때 상담자는 직면 반응을 해 보고, 관찰자는 상담자의 직면 반응이 얼마나 효과적인지 혹시 수정할 부분이 있는지 피드백해 준다.

내담자: ....

상담자: ....

....

....

....

(3) 과제의 부과

비효과적 행동패턴이 문제를 일으킬 뿐 아니라 유지시킨다는 사실을 이해하고 수용하게 되면, 그 문제에서 벗어날 대안 행동을 시도할 수 있다. 상담자는 브레인스토밍을 활용하여 내담자가 스스로 자유롭게 대안을 제시하게 한 다음, 가능성과 효과성을 분석해서 적절한 과제를 선정하도록 돕는다.

과제 설정은 다음 사항에 유의하면서 진행하는 것이 효과적이다. 첫째, 내담자 주변 인간관계 중에서 긍정적 대상을 찾는다. 둘째, 과제는 가급적 긍정적이고 단순하고 재미있는 과제로 선정하는 것이 좋다. 내담자는 부과된 과제를 100% 수행할 수 있어야 하기 때문이다. 셋째, 쉬운 과제에서 출발해서 점차 어려운 과제로 이행한다. 넷째, 과제를 부과할 때는 충분한 설명을 해야 하고, 내담자가 동의하고 책임감 있게 수행할 수 있도록 분위기를 조성한다.

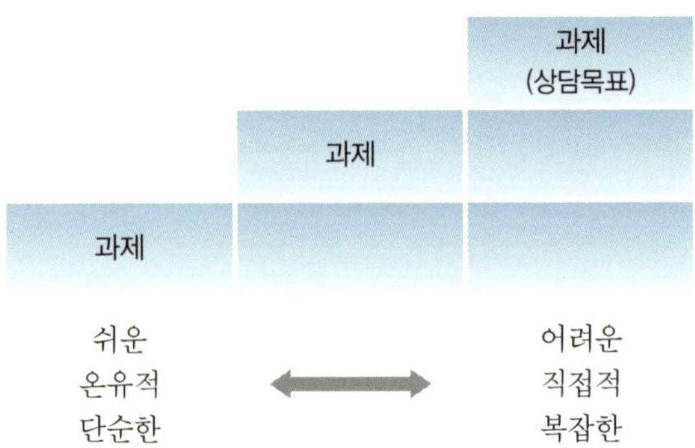

[그림 4-2] 과제 부과의 위계

토의해 봅시다

2인 또는 3인 1조로 나뉘어 상담자, 내담자, 관찰자 역할을 하면서 내담자의 문제 또는 상담목표로부터 어떤 과제를 부과하는 것이 적절할지 토의해 보고, 간단하고 구체적인 과제를 함께 고안해 본다. 관찰자는 상담자와 내담자의 과제 설정 과정과 결과가 얼마나 효과적인지 혹시 수정할 부분이 있는지 피드백해 준다.

(4) 종결 역할

단기상담을 시작할 때 구조화된 방법으로 한 것과 마찬가지로 종결 시에도 구조화된 방법을 활용하는 것이 효과적이다. 구조화된 종결 역할에는 상담 경험의 요약, 내담자의 성장과 변화의 평가, 미흡한 부분 다루기, 긍정적 피드백 전달하기 등이 포함된다.

- 상담 경험 요약하기: 상담자는 내담자로 하여금 전체 상담 과정에서 자신에게 특별히 의미가 있었거나 도움이 되었던 경험을 떠올리도록 돕는다.
- 내담자의 성장과 변화 평가하기: 상담의 목적이 내담자의 내적 성장과 행동 변화에 있으므로 내담자의 구체적인 성장과 변화를 평가할 필요가 있다. 상담자는 내담자로 하여금 그의 진보를 상담 시작 시점과 현재를 비교하여 살펴보고 적용 가능성을 모색한다.
- 미흡한 부분 다루기: 첫 회기에서 내담자가 예상불안을 경험하였다면, 마지막 회기에서는 이별에 대한 아쉬움을 경험하게 된

다. 상담자는 상담 과정에서 깊이 있게 다루지 못한 측면을 간단히 다룸으로써 상담에 대한 긍정적 시각을 가지고 떠나도록 돕는다.

- 긍정적 피드백 전달하기: 상담에서 발견한 내담자의 장점과 노력을 구체적인 용어로 피드백한다. 비록 미흡한 부분이나 고쳐야 할 점이 있더라도 작별을 앞둔 상황에서 상담자는 부정적 피드백을 하지 않도록 유의해야 한다.

활동지

종결 역할

2인 또는 3인 1조로 나뉘어 상담자, 내담자, 관찰자 역할을 하면서 종결 역할을 연습해 보자. 상담자의 종결 역할에 대해 관찰자는 상담자의 반응이 얼마나 효과적인지 혹시 수정할 부분이 있는지 피드백해 준다.

내담자: ....

....

....

....

상담자: ....

....

....

....

4. 핵심 상담기법 훈련의 실제

상담자가 단기상담을 효과적으로 수행하기 위해서는 핵심 상담기법들을 효과적으로 활용할 수 있어야 한다. 특히 상담자는 목표의 이해 단계에서 표면적 공감 기법을 많이 활용해야 하고, 탐색과 수용 단계에서는 심층 공감과 자기개방 기법을, 그리고 자각과 변화 단계에서는 직면과 역할연습 등이 필요할 것이다.

1) 공감 기법 훈련

공감이란 내담자의 내적인 준거 틀을 상담자가 마치 그 사람인 것처럼 지각하는 상태이다. 공감은 내담자의 사적인 지각 세계에 들어가는 것으로서, 매 순간 그가 경험하는 감정을 민감하게 지각하는 것이다.

공감은 상담의 과정에 따라 수준별로 나누어 사용하는 것이 효과적이다. 공감은 기본수준과 심화수준으로 나누어 사용하는 것이 효과적이다. 기본수준의 공감은 상대방에게 자신이 이해한 바를 말로 전달하는 것으로서, 상담자가 내담자의 말에 대해 해석하지 않고 얕은 수준에서 그가 경험하는 바를 접촉한다. 심화수준의 공감은 내담자가 진술하고 표현한 것뿐 아니라 그가 암시한 것이나 말하지 않은 것까지 반영하는 것을 의미한다.

Carkhuff(2000)는 공감을 표면적인 느낌의 반영과 추가적인 심층적 느낌의 반영으로 나누었다. 표면적인 느낌의 반영은 내담자가 자기 자신을 나타내 보이는 수준만큼 상담자가 그를 이해할 수 있음을 보여 주는 반응으로서, 내담자의 표면적인 느낌을 정확하게 반영하는 것이다. 심층적 느낌의 반영은 내담자가 현재 알고 있는 이상의 것까지 이해하면서 그의 심층 감정까지 전달하는 반응이다.

상담자는 내담자의 말 속에 있는 감정이나 태도, 가치관을 포착해야 한다. 또한 내담자의 내적인 면까지 이해하고 있음을 의사소통 능력을 발휘하여 전달해야 한다. 그러기 위해서는 상담자의 민감성이 요구된다. 내담자가 경험한 것과 그 이면에 있는 다양한 생활 장면, 그리고 내담자의 현재와 미래에 연결된 의미를 이해하기는 쉽지 않다. 상담자는 내담자의 말과 행동으로부터 중요한 단서를 찾아 연결하고 해석할 수 있어야 한다.

결국 상담자는 내담자의 언어적 · 비언어적 메시지를 함께 읽어야 하며, 그의 언어적 · 비언어적 표현에 숨어 있는 맥락을 이해하고 분석할 수 있어야 한다. 내담자의 언어적 반응보다 비언어적 반응(예: 눈 주위가 촉촉해짐, 입 가장자리가 굳어짐)은 주의 깊게 관찰하지 않으면 포착하기 어렵다. 따라서 상담자는 말의 내용뿐 아니라 비언어적 표현에 담긴 정서를 함께 이해하는 능력을 키워야 한다.

(1) 목표

공감 기법 훈련의 목표는 상담자가 공감의 의미와 가치를 이해하고 수준별로 변별할 수 있으며 최소 3.0 수준 이상의 공감을 말로 표현할 수 있도록 하는 것이다. 상담자는 다양한 문제 상황에서 3.0 수준의 표면적 공감과 4.0 수준의 심층적 공감을 수행할 수 있어야 한다.

(2) 내용

공감(empathy)이란 내담자가 느끼는 감정을 이해할 뿐 아니라 그 이해를 말로써 전달하는 것이다. 공감과 동정(同情)은 다르다. 동정은 상담자가 내담자의 입장에서 그와 같은 정서를 경험하는 것으로서, 내담자의 슬픔, 두려움, 신체적 반응(예: 경련, 땀에 젖은 손, 불규칙적인 심장박동 등)을 상담자가 함께 경험하는 것이다.

공감의 방법은 '상대방 입장에서 그의 느낌을 추측하여 직접 말로 전달하는' 것이다. 상담자가 공감해 줄 때 내담자는 상담자가 자신의 말을 관심 있게 경청하고 있으며, 자신을 이해해 주기를 바라는 마음을 충분히 알고 있음을 깨닫게 된다.

(3) 활동

공감 기법의 훈련을 위한 구체적인 활동은 변별, 시범, 실습, 피드백으로 이루어진다. 지도자는 이 과정을 통해 훈련의 효과를 높이는 데 힘쓴다.

① 변별

지도자는 공감 척도를 참고하여 수준별 공감을 설명해 준다. 〈예제〉의 수준별 공감을 변별해 보고 직접 문제를 풀어 본다. 지도자는 〈예제 2〉를 설명해 줌으로써 참가자들이 변별하는 방법을 이해하도록 돕고, 나머지 예제를 각자 풀어 보게 한다.

공감 척도	
1.0	**내담자의 마음을 상하게 하는 반응** 상담자가 내담자의 표면적인 느낌에 적절하게 주의를 기울이지 않음
2.0	**내담자의 반응 수준을 낮아지게 하는 반응** 내담자의 표면적인 느낌을 알고 있다는 사실이 조금만 전달됨
3.0	**표면적 느낌의 반영** 내담자의 표면적인 느낌을 정확하게 반영함
4.0	**심층적 느낌의 반영** 내담자의 심층적 감정까지 이해하고 반영함

활동지

공감 기법 훈련

〈예제 1〉

내담자: 저는 벌써 대학 2학년이나 되었지만, 학교에 정을 못 붙이겠습니다. 과 친구들과 잘 지내 보려고 애쓰는데 그 애들은 야속하게 자기 할 일만 하고 가 버립니다. 그럴 때마다 그 애들이 너무 이기적이 아닌가 생각될 때가 많습니다.

상담자: 1.0 그렇게 이기적으로 나오거든 그 애들을 가까이 하지 마세요. 마음 안 맞는 친구들을 억지로 사귀려 하지 말아요.

(이 반응은 내담자의 표면적 느낌을 무시하고 비평적이기 때문에 수준 1.0에 해당한다. 비록 상담자가 옳은 생각을 가졌다 하여도 그런 생각을 내담자에게 이야기하는 것은

너무 빠른 것 같다. 아직 상담자와 내담자 간에는 신뢰관계가 형성되지 않았다.)

2.0 참 안타깝군요. 언제부터 그렇게 되었지요?
(이 반응은 수준 2.0에 해당된다. 그 이유는 내담자의 부분적인 느낌은 반영하고 있으나 내담자가 말한 내용에 추가해서 상담자의 관심을 질문으로 전달하였기 때문이다.)

3.0 친구들과 잘 지내보려고 하였는데도 그 친구들이 야속하게 행동해서 실망을 느끼고 있군요.
(이 반응은 수준 3.0에 해당한다. 그 이유는 내담자의 표면적 느낌인 실망감을 반영하였고, 내담자가 말한 내용의 핵심을 지적하였으며, 내담자의 말 내용보다 덧붙이지도 빼지도 않았기 때문이다.)

4.0 과 친구들과 마음을 터놓고 사귀지 못해서 몹시 낙담하였군요. 비록 지금은 과 친구들과의 문제에 대해 이야기하고 있지만, 학생은 다른 사람과의 사교 능력이나 졸업 후의 사회적응에 대해서도 고민을 하는 것 같아요.
(이 반응은 수준 4.0에 해당한다. 그 이유는 내담자가 현재 각성하고 말로 표현하는 내용 이상의 심층적 느낌을 언급하기 때문이다.)

〈예제 2〉

내담자: 저는 가족에게 못할 짓을 하고 있는 것 같습니다. 낮에는 직장에 출근하고 밤에는 대학원에 나가고 거기다가 집에

와서는 피곤하다는 핑계로 애들과 제대로 놀아 주지도 못 합니다.

상담자: ________ 하기 때문에 ________ 하게 느끼는군요.
________ 하기 때문에 ________ 하게 느끼는군요.
________ 하기 때문에 ________ 하게 느끼는군요.

〈예제 3〉

내담자: 이직을 하고 싶습니다. 팀장님은 저를 자꾸 문제가 있는 사람으로 보는 것 같습니다. 더는 회사에 다니고 싶지가 않네요.

상담자: ________ 하기 때문에 ________ 하게 느끼는군요.
________ 하기 때문에 ________ 하게 느끼는군요.
________ 하기 때문에 ________ 하게 느끼는군요.

〈예제 4〉

내담자: 요즘 학생들은 너무 문제가 많아요. 책임은 다하지 않고 권리만 주장하고, 게다가 교사를 우습게 알아요.

상담자: ________ 하기 때문에 ________ 하게 느끼는군요.
________ 하기 때문에 ________ 하게 느끼는군요.
________ 하기 때문에 ________ 하게 느끼는군요.

〈예제 5〉

내담자: 나이가 들고 나니 늘 혼자인 것 같고 무기력해집니다. 세상 사는 맛도 안 나고요. 더 이상 행복하지 않아요.

상담자: .... 하기 때문에 .... 하게 느끼는군요.
.... 하기 때문에 .... 하게 느끼는군요.
.... 하기 때문에 .... 하게 느끼는군요.

〈예제 6〉

내담자: 아이는 스마트폰만 보고 공부를 안 해요. 그런데 남편은 제가 아이를 잘못 키웠다고 자꾸 뭐라 하네요. 어떻게 해야 할지 모르겠어요.

상담자: .... 하기 때문에 .... 하게 느끼는군요.
.... 하기 때문에 .... 하게 느끼는군요.
.... 하기 때문에 .... 하게 느끼는군요.

〈예제 7〉

내담자: 교생실습이 부담이 됩니다. 제가 수업을 잘 해낼지 걱정이 되거든요. 저는 지금까지 한 번도 발표를 해 본 적이 없기 때문에 자신이 없어요.

상담자: .... 하기 때문에 .... 하게 느끼는군요.
.... 하기 때문에 .... 하게 느끼는군요.
.... 하기 때문에 .... 하게 느끼는군요..

〈예제 8〉

내담자: 대학 졸업반인 아이가 취업 준비도 안 하고 집에서 놀기만 합니다. 뭐라도 해야 할 텐데, 정말 골치가 아픕니다. 이제는 제 말도 전혀 들으려 하지 않습니다. 도대체 어떻게 다루어야 할지 모르겠습니다.

상담자: ________ 하기 때문에 ________ 하게 느끼는군요.
________ 하기 때문에 ________ 하게 느끼는군요.
________ 하기 때문에 ________ 하게 느끼는군요.

〈예제 9〉

내담자: 퇴직하고 나니 사는 게 재미도 없고 힘이 빠집니다. 연락할 데도 없고 연락이 오지도 않고, 하루 종일 우두커니 앉아 있기만 하네요. 하루하루가 사는 맛이 없습니다.

상담자: ________ 하기 때문에 ________ 하게 느끼는군요.
________ 하기 때문에 ________ 하게 느끼는군요.
________ 하기 때문에 ________ 하게 느끼는군요.

〈예제 10〉

내담자: 우리 애가 학교에 등교하기를 두려워하는 것 같아요. 어떤 때는 몸이 아픈 척하면서까지 학교를 안 가려고 해요.

상담자: ________ 하기 때문에 ________ 하게 느끼는군요.
________ 하기 때문에 ________ 하게 느끼는군요.
________ 하기 때문에 ________ 하게 느끼는군요.

〈예제 11〉

내담자: 저는 서류전형에서 떨어졌는데 스터디 친구는 이제 면접을 준비한대요. 그 친구가 수험생활이 힘들다고 할 때마다 위로해 준 건 오히려 저였는데…….

상담자: ______ 하기 때문에 ______ 하게 느끼는군요.
______ 하기 때문에 ______ 하게 느끼는군요.
______ 하기 때문에 ______ 하게 느끼는군요.

〈예제 12〉

내담자: 동생이 지난주에 첫 월급을 탔다고 저한테 용돈을 줬어요. 저는 공무원 준비한답시고 부모님께도 용돈을 못 드렸는데 말이죠. 착잡하네요.

상담자: ______ 하기 때문에 ______ 하게 느끼는군요.
______ 하기 때문에 ______ 하게 느끼는군요.
______ 하기 때문에 ______ 하게 느끼는군요.

〈예제 13〉

내담자: 저는 끈기가 없는 사람이에요. 운동도 끊어 놓고 몇 번 나가다 말고, 영어 공부도 책만 사 놓고 하다가 말아 버린 적이 너무 많아요.

상담자: ______ 하기 때문에 ______ 하게 느끼는군요.
______ 하기 때문에 ______ 하게 느끼는군요.
______ 하기 때문에 ______ 하게 느끼는군요.

〈예제 14〉

내담자: 엄마, 아빠는 저한테 관심도 없었으면서 이제 와서 뭐라도 하라고 맨날 잔소리예요. 제가 이렇게 된 것도 다 제 탓이래요.

상담자: ________ 하기 때문에 ________ 하게 느끼는군요.
________ 하기 때문에 ________ 하게 느끼는군요.
________ 하기 때문에 ________ 하게 느끼는군요.

〈예제 15〉

내담자: 벌써 동기들은 자격증 준비 같은 것들을 척척 하는 것 같은데 저는 준비된 게 하나도 없어요. 갑자기 마음이 급해지네요.

상담자: ________ 하기 때문에 ________ 하게 느끼는군요.
________ 하기 때문에 ________ 하게 느끼는군요.
________ 하기 때문에 ________ 하게 느끼는군요.

〈예제 16〉

내담자: 믿을 수 있는 사람이 하나도 없어요. 부모님도 믿지 못하겠는데 제가 누구를 믿겠어요. 주변 친구들도 저를 배신할까 싶어서 조마조마해요. 그래서 만나는 것도 이제 불편하고요.

상담자: ________ 하기 때문에 ________ 하게 느끼는군요.
________ 하기 때문에 ________ 하게 느끼는군요.
________ 하기 때문에 ________ 하게 느끼는군요.

〈예제 17〉

내담자: 자식들을 다 결혼시키고 나니, 이제 우리 부부가 어떻게 살아야 하나……. 걱정이에요. 외롭게 살고 싶지는 않아요.

상담자: .... 하기 때문에 .... 하게 느끼는군요.
.... 하기 때문에 .... 하게 느끼는군요.
.... 하기 때문에 .... 하게 느끼는군요.

〈예제 18〉

내담자: 위자료 한 푼 못 받고 별별 일을 다 하면서 지식을 키워 놨더니, 다 소용없네요. 엄마가 해 준 게 뭐냐고 하니 힘이 빠집니다.

상담자: .... 하기 때문에 .... 하게 느끼는군요.
.... 하기 때문에 .... 하게 느끼는군요.
.... 하기 때문에 .... 하게 느끼는군요.

〈예제 19〉

내담자: 요즘 학생들은 대학에 취업 준비만 하러 온 건지, 교수를 전혀 존경하지 않아요.

상담자: .... 하기 때문에 .... 하게 느끼는군요.
.... 하기 때문에 .... 하게 느끼는군요.
.... 하기 때문에 .... 하게 느끼는군요.

〈예제 20〉

내담자: 다른 집 애들은 형제들끼리 친하게 잘 지내는데, 우리집 애들은 허구한 날 싸우기만 하니 살맛이 안 나네요.

상담자: .... 하기 때문에 .... 하게 느끼는군요.

________ 하기 때문에 ________ 하게 느끼는군요.
________ 하기 때문에 ________ 하게 느끼는군요.

〈예제 21〉

내담자: 애들이 다 떠나고 나니 벌써 빈 둥지처럼 허전하네요. 그동안 뭐 하고 살았나 싶어 허탈합니다.

상담자: ________ 하기 때문에 ________ 하게 느끼는군요.
________ 하기 때문에 ________ 하게 느끼는군요.
________ 하기 때문에 ________ 하게 느끼는군요.

〈예제 22〉

내담자: 학교에 가도 늘 혼자 지내니 창피해요. 애들이 어떻게 볼까 염려도 되고요.

상담자: ________ 하기 때문에 ________ 하게 느끼는군요.
________ 하기 때문에 ________ 하게 느끼는군요.
________ 하기 때문에 ________ 하게 느끼는군요.

〈예제 23〉

내담자: 우리 애가 친구들 무리에 끼지 못할까 봐 집안일이 쌓여 있는데도 엄마들 모임에 빠지지 않고 나가요. 제가 잘하는 걸까요?

상담자: ________ 하기 때문에 ________ 하게 느끼는군요.
________ 하기 때문에 ________ 하게 느끼는군요.
________ 하기 때문에 ________ 하게 느끼는군요.

〈예제 24〉

내담자: 그냥 먹고 살 만큼만 벌면 될 것 같은데, 가족들은 꿈이 왜 그렇게 작냐고 계속 핀잔만 줘요.

상담자: .... 하기 때문에 .... 하게 느끼는군요.
.... 하기 때문에 .... 하게 느끼는군요.
.... 하기 때문에 .... 하게 느끼는군요.

〈예제 25〉

내담자: 동창 녀석은 부모 잘 만나서 재산 물려받고 잘 살아요. 저는 겨우 먹고 사는데 말이죠.

상담자: .... 하기 때문에 .... 하게 느끼는군요.
.... 하기 때문에 .... 하게 느끼는군요.
.... 하기 때문에 .... 하게 느끼는군요.

〈예제 26〉

내담자: 당직 근무를 바꿔 달라는 부탁을 거절하지 못했어요. 아내에게 사정을 말했더니 또 그랬냐고 화를 내더라고요.

상담자: .... 하기 때문에 .... 하게 느끼는군요.
.... 하기 때문에 .... 하게 느끼는군요.
.... 하기 때문에 .... 하게 느끼는군요.

〈예제 27〉

내담자: 회식도 사회생활이잖아요. 남편은 제가 회식만 가면 못마땅해해요.

상담자: __________ 하기 때문에 __________ 하게 느끼는군요.
__________ 하기 때문에 __________ 하게 느끼는군요.
__________ 하기 때문에 __________ 하게 느끼는군요.

〈예제 28〉

내담자: 육아 휴직 1년이 눈 깜짝할 사이 지나갔어요. 당장 다음 주부터 출근인데 제가 다시 업무를 잘할 수 있을까 자신이 없어요.

상담자: __________ 하기 때문에 __________ 하게 느끼는군요.
__________ 하기 때문에 __________ 하게 느끼는군요.
__________ 하기 때문에 __________ 하게 느끼는군요.

〈예제 29〉

내담자: 회사는 50세 이상은 명예퇴직을 하라는 분위기예요. 아직 애들이 대학생인데, 결혼은 무슨 돈으로 시켜야 하나 막막하네요.

상담자: __________ 하기 때문에 __________ 하게 느끼는군요.
__________ 하기 때문에 __________ 하게 느끼는군요.
__________ 하기 때문에 __________ 하게 느끼는군요.

〈예제 30〉

내담자: 사람들은 아무도 저한테 관심이 없어요. 아마 제가 당장 사라져도 아무도 모를 것 같아요. 심지어 선생님도 모를걸요.

상담자: .... 하기 때문에 .... 하게 느끼는군요.
.... 하기 때문에 .... 하게 느끼는군요.
.... 하기 때문에 .... 하게 느끼는군요.

② 시범

지도자는 공감 척도에 제시된 수준별 공감을 시범해 보인다. 이때 즉석에서 참가자 중 1명을 선정하여 시범 대상으로 해도 좋다.

③ 실습

참가자들은 2인 1조로 예제의 내용을 연습한 후, 조별로 나와서 공개 시연한다.

활동지

공감 기법 훈련 실습

2인 또는 3인 1조로 나뉘어 다음에 제시된 대상(아동, 청소년, 대학생, 직장인 등)에 해당하는 문제를 만들어 공감 기법을 연습해 보자. 내담자 역할이 특정 대상의 호소문제를 제시하면 상담자 역할은 적절한 공감 반응을 3회 이상 전달한다. 이때 관찰자 역할은 공감 반응에 대해 구체적인 피드백을 해 준다.

〈아동의 호소문제〉

내담자: ______________________________

상담자: __________ 하기 때문에 __________ 하게 느끼는군요.

__________ 하기 때문에 __________ 하게 느끼는군요.

__________ 하기 때문에 __________ 하게 느끼는군요.

〈청소년(중 · 고등학생)의 호소문제〉

내담자: ______________________________

상담자: __________ 하기 때문에 __________ 하게 느끼는군요.

__________ 하기 때문에 __________ 하게 느끼는군요.

__________ 하기 때문에 __________ 하게 느끼는군요.

〈대학생의 호소문제〉

내담자: ______________________________

상담자: __________ 하기 때문에 __________ 하게 느끼는군요.

__________ 하기 때문에 __________ 하게 느끼는군요.

__________ 하기 때문에 __________ 하게 느끼는군요.

〈직장인의 호소문제〉

내담자: ______________________________

상담자: __________ 하기 때문에 __________ 하게 느끼는군요.

__________ 하기 때문에 __________ 하게 느끼는군요.

__________ 하기 때문에 __________ 하게 느끼는군요.

〈학부모의 호소문제〉

내담자: ______________________________

상담자: __________ 하기 때문에 __________ 하게 느끼는군요.

__________ 하기 때문에 __________ 하게 느끼는군요.

__________ 하기 때문에 __________ 하게 느끼는군요.

〈의료전문가(의사, 간호사)의 호소문제〉

내담자: ______________________________

상담자: __________ 하기 때문에 __________ 하게 느끼는군요.

__________ 하기 때문에 __________ 하게 느끼는군요.

__________ 하기 때문에 __________ 하게 느끼는군요.

〈노인의 호소문제〉

내담자: ______________________________

상담자: __________ 하기 때문에 __________ 하게 느끼는군요.

__________ 하기 때문에 __________ 하게 느끼는군요.

__________ 하기 때문에 __________ 하게 느끼는군요.

④ 피드백

각 조별 공개 실습 장면을 관찰하면서 느낀 점을 피드백해 준다. 이때 지도자는 가급적 긍정적이고 구체적인 피드백을 해 줌으로써 참가자들이 자신감을 가질 수 있도록 한다.

(4) 평가

끝나기 10분쯤 전에 지도자는 훈련 과정을 요약한다. 참가자들도 활동을 통해서 느낀 점을 돌아가면서 나누도록 한다.

2) 자기개방 기법 훈련

자기개방이란 상담자가 언어적으로 자신의 감정, 생각, 신념, 태도를 노출하는 것이다(Vogel & Wester, 2003). 상담자가 자기개방을 할 때 내담자에게 유사성과 친근감을 전달할 수 있고, 보다 깊은 이해를 발달시킬 수 있으며, 내담자에게 깊이 있는 자기탐색의 모범을 보여 주게 된다. 또한 내담자의 흥미와 관심에 상담자의 사적인 생각과 경험과 느낌을 솔직하게 개방함으로써 개성을 가진 하나의 인간 존재로 나타날 수 있다.

자기개방을 할 때 상담자가 유의해야 할 점은 다음과 같다. 상담자가 자기개방을 너무 많이 하는 것은 상담의 초점이 상담자에게 맞춰지게 될 수 있고, 그 결과 내담자가 상담 과정에 소극적으로 참여하게 하는 원인이 될 수 있다. 따라서 상담자는 구체적인 경험을 정서의 측면에 초점 맞추어 제공할 수 있어야 한다. 이처럼 상담자가 자신의 생각, 느낌, 경험을 자기개방하는 것은 간단한 기법처럼 보이지만 내담자에게 초점을 맞추고 도움이 될 수 있어야 하기 때문에 주의해야 한다.

상담자는 상담에 도움이 된다는 확신이 들 때 자발적으로 자기개방을 해야 한다. 그러나 어떤 때에는 내담자가 상담에 대한 기대나 단순한 호기심으로 상담자의 자기개방을 요청하기도 한다. 이때 상담자는 내담자의 이러한 행동이 상담에 대한 기대와 관심의 의존적인 표현 형태로 이해하고, 상담자의 자기개방이 과연 호소문제 해결에 도움이 되는가를 기준으로 판단해야 한다. 즉, 상담자의 자기개방은 내담자의 호기심을 충족시켜 주거나 친밀감을 높이기 위해서라기보다 내담자의 자기이해를 돕고 문제 해결을 촉진하기 위한 것임을 명심해야 한다.

자기개방은 상담자의 과거 경험을 단순히 전달하는 방법도 있고, 상담 장면에서 일어나는 여기-지금의 경험을 일치성의 차원에서 개방하기도 하며, 상담자가 내담자와 공유하는 감정을 포함하여 노출하기도 한다. 또한 상담자는 내담자와 비슷한 자신의 과거 경험을 개방하여 내담자의 감정의 정화 작업을 촉진해야 한다.

(1) 목표

자기개방의 의미와 가치를 이해하고, 수준별로 변별할 수 있으며, 최소 3.0 수준 이상의 자기개방을 말로 표현할 수 있다.

(2) 내용

자기개방(self-disclosure)이란 상담자가 자신의 생각, 경험, 느낌을 내담자의 관심, 흥미와 관계지워 말해 주는 것이다. 상담자가 자기개방을 할 때 내담자는 유사성과 친근감을 느낄 수 있고, 자신에 대해 보다 깊은 이해를 발달시킬 수 있으며, 보다 철저하고 깊이 있는 자기탐색을 할 수 있다. 또한 상담자가 내담자의 흥미와 관심에 대해 상담자의 사적인 생각, 경험, 느낌을 솔직하게 노출함으로써 상담자도 개성을 가진 하나의 인간 존재로 나타날 수 있다.

(3) 활동

자기개방 기법의 훈련을 위한 구체적인 활동은 변별, 시범, 실습, 피드백으로 이루어진다. 지도자는 이 과정을 통해 훈련의 효과를 높이는 데 힘쓴다.

① 변별

지도자는 자기개방 척도를 참고하여 수준별 자기개방을 설명해 준다. 〈예제 1〉의 수준별 자기개방을 변별해 보고 직접 문제를 풀어 본다. 지도자는 〈예제 2〉를 설명해 줌으로써 참가자들이 변별하는 방법을 이해하도록 돕고, 나머지 예제를 각자 풀어 보게 한다.

자기개방 척도	
1.0	**자기개방을 거부함** 상담자가 자신에 관해 아무것도 나타내지 않거나, 자신의 욕구를 충족시키기 위해 자기개방함
2.0	**반응수준이 저하됨** 상담자가 자발적으로 개방하지 않으며, 내담자가 질문할 경우에만 간단히 반응함
3.0	**일반적인 경험에 대한 개방** 상담자가 내담자의 관심사와 관계되는 자신의 생각, 태도, 경험을 표면적 수준으로 개방함
4.0	**특별한 경험에 대한 개방** 상담자가 모험을 무릅쓰고 자신의 생각, 경험, 느낌을 내담자의 경험과 관계지어 기꺼이 제공함

활동지

자기개방 기법 훈련

〈예제 1〉

내담자: 선생님, 아이들이 저를 놀이에 끼워 주지 않아요. 저와 노는 것이 재미없다고 생각해요. 그래서 참 속상해요. 저는 같이 놀고 싶은데, 애들이 제게 잘 대해 주지를 않아요.

상담자: 1.0 글쎄, 누구나 따돌림을 받는 경우가 있단다.

(상담자는 자신의 개인적인 경험과 관련된 정보를 주기를 거절한다.)

2.0 너 누군가에게 노는 법을 좀 배워야겠구나. 그러면 더 잘 놀 수 있겠지. 아마 너의 아빠가 너에게 도움이 되실 거야.

(상담자는 내담자의 질문에 대답은 하였지만, 자신의 개인적인 정보 제공은 회피하고 있다. 그러므로 내담자는 상담자가 자신과 비슷한 경험을 해 보았는지, 또 자신의 문제에 대해서 그의 개인적인 반응이 어떤지에 대해서는 알 수 없다.)

3.0 내가 중학교 2학년 때 아무도 나를 야구 시합에 끼워 주지 않았던 적이 있어. 그때 고민이 많이 됐었지. 네 이야기를 들어 보니 내가 네 나이 때 겪었던 실망이나 서운한 심정과 같은 감정을 지금 너도 느끼고 있는 것 같구나.

(상담자는 자발적으로 자신의 사적인 경험과 정보에 대해

서 일반적인 용어로 기꺼이 노출하고 있다. 그가 노출한 자신의 경험 내용은 내담자의 문제와 관련되는 것이며, 그 결과 상담관계의 초점이 내담자에게 모이게 된다.)

4.0 (지도자는 자신의 경험을 최대한 솔직하게 구체적으로 개방한다.)

(상담자는 어느 것에도 구애받지 않고 자유로이 자신을 드러낼 수 있어야 한다. 내담자는 상담자가 구체적이고 일상적인 용어로 자기 자신을 노출할 때 그를 한 사람의 고유한 개성을 지닌 개체로 볼 수 있다. 상담자는 자신도 내담자와 마찬가지로 그와 똑같은 경험을 했었다는 사실을 인정하고, 자신의 독특한 경험 내용을 전달해야 한다.)

* 상담목표: 피훈련자는 자기개방 척도에 맞춰 상담자 반응을 평정할 수 있어야 한다.

〈예제 2〉

내담자: 대학원을 포기할까 해요. 남편은 제가 공부하기를 원하지만 저는 아기를 시댁에 맡기고 공부하는 것이 눈치 보이고, 또 시댁에서는 제가 남편 뒷바라지를 등한시한다고 생각하며 은근히 신경 쓰는 것 같아 부담스러워요.

상담자: ....

....

....

〈예제 3〉

내담자: 내일 중요한 클라이언트랑 미팅이 있어요. 부족한 실적까지 부담이 많이 되네요. 만회하려면 이번에는 꼭 잘해야 해요.

상담자: ....

....

....

....

〈예제 4〉

내담자: 오랜만에 친구들을 만났는데 어색하고 무슨 말을 해야 할지 모르겠더군요. 괜히 돈이랑 시간만 쓰고 재미도 없었고요.

상담자: ....

....

....

....

〈예제 5〉

내담자: 남편은 저를 무시하는 말투로 이야기를 해요. 집에서는 그렇다 쳐도 시댁에서까지 그러는 건 참기가 어려워요.

상담자: ....

....

....

....

〈예제 6〉

내담자: 사업이 지지부진하니 자신이 점점 없어져요. 그래도 주변 사람들한테는 약한 모습을 보이고 싶지 않아 괜찮은 척해요. 마음은 늘 긴장되죠.

상담자: ....

....

....

....

〈예제 7〉

내담자: 일만 열심히 하는 제가 바보죠. 입사 동기는 저보다 일도 못 하는데 아부를 워낙 잘하더니 이번에 승진했어요.

상담자: ....

....

....

....

〈예제8〉

내담자: 어제 담임선생님이 우리 애가 숙제를 또 안 했다면서 전화를 하셨어요. 이제 선생님들한테 전화만 와도 한숨이 나와요.

상담자: ....

....

....

....

〈예제 9〉

내담자: 애들은 제가 필기노트를 안 보여 준다고 이기적이라고 하지만, 결국 다 경쟁자니까 그럴 수밖에 없어요.

상담자: ....

....

....

....

〈예제 10〉

내담자: 지난번 반장 선거에서 골찌를 해 놓고 이번 반장 선거에 또 나간대요. 우리 애는 자존심도 없나 싶어요.

상담자: ....

....

....

....

....

〈예제 11〉

내담자: 저도 축구 팀에 끼고 싶어요. 그런데 애들은 잘하는 애들이랑 같은 팀을 하려고 하니까 창피하고 난처해요.

상담자: ....

....

....

〈예제 12〉

내담자: 대학원에 와 보니 저한테는 잘 안 맞는 것 같아요. 부모님 말씀대로 취업이나 할 걸 그랬어요.

상담자:

〈예제 13〉

내담자: 선생님들은 원래 공부 잘하는 애들만 좋아하고 챙기잖아요. 저 같은 애들은 존재감도 없고, 학교에 가도 재미가 없어요.

상담자:

〈예제 14〉

내담자: 병원에서 저희 애한테 ADHD가 있다는 말을 들었을 때 심장이 덜컥했어요. 내가 뭘 잘못해서 그런가 싶어요.

상담자: ....

....

....

....

〈예제 15〉

내담자: 회사에서는 선택해야 하는 것이 너무 많아요. 뭘 해도 대충 했다고 지적받게 되니……. 뭐 하나도 쉽지가 않아요.

상담자: ....

....

....

....

〈예제 16〉

내담자: 신혼까지는 좋았는데 애가 태어나니 양육 부담이 크네요. 그런데 남편이 둘째 이야기를 꺼내는데 눈앞이 깜깜해졌어요.

상담자: ....

....

....

〈예제 17〉

내담자: 옆집은 시댁도 잘살고, 아들은 공부도 알아서 잘해요. 저는 매일 돈 걱정하고 애들 공부시키랴 발을 동동 구르는데, 이런 저를 보고 남편은 집에서 뭐 하냐고 면박을

쥐요.

상담자: ....

....

....

〈예제 18〉

내담자: 직장에는 믿을 수 있는 사람이 하나도 없어요. 선임에게 이용당하기 딱 좋은 구조죠. 저도 제 이익만 챙겨야죠.

상담자: ....

....

....

....

〈예제 19〉

내담자: 저는 혼자 사는 게 좋아요. 독신주의자라고 말했는데도 부모님은 계속 언제 결혼할 거냐고 쏘아 대세요.

상담자: ....

....

....

....

〈예제 20〉

내담자: 대학 졸업하고 취업 준비만 벌써 3년째입니다. 이제 부모님이나 친구 전화도 피하게 돼요.

상담자: ....

....

....

....

② 시범

지도자는 자기개방 척도상의 수준별로 시범해 보인다. 이때 참가자 중 1명을 시범의 대상으로 한다.

③ 실습

참가자들은 2인 1조로 예제의 내용을 연습한 후, 조별로 시연해 본다.

활동지

자기개방 기법 훈련 실습

2인 또는 3인 1조로 나뉘어 다음에 제시된 대상(아동, 청소년, 대학생, 직장인 등)에 해당하는 문제를 만들어 자기개방 기법을 연습해 보자. 내담자 역할이 특정 대상의 호소문제를 제시하면 상담자 역할은 적절한 자기개방 반응을 전달한다. 이때 관찰자 역할은 자기개방 반응에 대해 구체적인 피드백을 해 준다.

〈아동의 호소문제〉

내담자:

상담자:

〈청소년(중 · 고등학생)의 호소문제〉

내담자:

상담자:

〈대학생의 호소문제〉

내담자:

상담자:

〈직장인의 호소문제〉

내담자:

상담자:

〈학부모의 호소문제〉

내담자:

상담자:

〈군인, 경찰의 호소문제〉

내담자:

상담자:

〈의료전문가(의사, 간호사)의 호소문제〉

내담자:

상담자:

〈노인의 호소문제〉

내담자: ....

상담자: ....

....

....

....

④ 피드백

각 조별 실습을 관찰하면서 느낀 점을 피드백해 준다. 이때 지도자는 긍정적이고 구체적인 피드백을 해 줌으로써 실습한 참가자들이 자신감을 갖도록 하여야 한다.

(4) 평가

끝나기 10분쯤 전에 지도자는 훈련 과정을 요약한다. 참가자들도 활동을 통해서 느낀 점을 돌아가면서 나누도록 한다.

3) 직면 기법 훈련

직면은 상담자가 내담자의 불일치를 지적해 줌으로써 내담자의 잠재적 가능성을 명확히 인식시켜 인간적 성장과 발달을 촉진하는 기법이다(Carkhuff, 2000). 직면은 피드백의 직접적이고 강한 형태라고 할 수 있다. 피드백은 상담자가 내담자에게 그가 하는 행동이 타인에게 어떻게 보여지고 영향을 주는지를 중립적인 자세로 전달하는 것이다. 피드백을 할 때 상담자는 준비성, 구체성, 즉시성, 변화가능성, 비강요성 등의 다섯 가지 요소에 유의해야 한다.

- 준비성: 내담자가 피드백을 생산적으로 처리할 준비가 되어 있는지에 대하여 상담자가 주의 깊이 고려하여야 함을 의미한다. 피드백은 신뢰감이 형성되고 위협적이 아닌 관계에서 주어질 때 가장 효과적이다.
- 구체성: 잘못된 행동을 하게 된 이유나 그 뒤에 숨어 있는 동기에 대해서보다 오히려 그 사실 자체에 대한 구체적인 보고의 형태를 의미한다. 피드백이 진술적이 되기 위해서는 그 사람의 동기나 원인에 대한 추리보다는 관찰한 행동 자체에 초점을 맞추어야 한다. 피드백은 분명하고 왜곡되지 않고 구체적이어야 한다.
- 즉시성: 내담자가 한 행동의 직후에 주어질 때 가장 효과적이다. 상담자는 여기-지금의 자세로 내담자의 행동에 대해 피드백하는 일치성을 유지해야 한다.
- 변화 가능성: 변화가 가능한 행동에 한해서 피드백해야 한다는 뜻이다. 아무리 정확한 피드백이라고 하더라도 내담자의 행동을 변화시킬 수 없다면 소용이 없다. 바람직한 행동의 대안까지 제안될 때 피드백은 더 효과적이다.
- 비강요성: 피드백을 받는 사람의 행동을 변화시키려 하거나 충고를 주는 것 보다 주는 사람이 갖는 생각과 정보를 함께 나누

어 가지는 형식으로 전달해야 함을 의미한다.

피드백은 효과적으로 주는 것도 중요하지만 모처럼 주어진 피드백을 효과적으로 받는 방법을 배우는 것도 중요하다. 따라서 피드백을 받을 때는 공격을 하거나 마음에 상처를 받거나 적대 감정을 표현하거나 그렇게 할 수밖에 없었다는 식으로 합리화하는 대신, 보다 건설적으로 그 피드백을 받아들여 활용하려고 노력할 필요가 있다. 또한 그러한 피드백을 주기 위해 관심과 노력을 한 데 대해 감사할 수 있어야 할 것이다.

Gazda 등(1977)은 직면을 경험적 직면과 교훈적 직면으로 구분하였다. 경험적 직면은 내담자가 앞에 한 말과 지금 한 말 사이의 불일치, 내담자의 행동과 말 사이의 불일치, 또는 내담자가 경험한 내용과 상담자가 내담자를 경험한 내용과의 불일치를 지적하는 것이다. 교훈적 직면은 내담자의 장래에 해로운 행동이나 사회적으로 바람직하지 못한 행동, 또는 사회적 실재에 관한 잘못된 정보를 지적하는 것이다. 이러한 내담자의 불일치를 지적해 줌으로써 내담자로 하여금 새로운 통찰과 행동의 변화를 촉진시킬 수 있다고 보는 것이다.

직면의 효과는 상담자가 내담자로 하여금 자신을 스스로 평가할 수 있도록 돕는 데 있다. 행동 변화가 수반되지 않는 자기이해는 무의미하다. 직면은 내담자를 내면적으로 성장 발달시키는 효과적인 기술이다(Carkhuff, 2000). 내담자가 자신의 문제를 실질적으로 해결할 수 있기 위해서는 자기가 직접 행동으로 실행해야 한다. 직면 기법은 이러한 실행을 위한 기술이기 때문에 실행 차원이라고 불린다. 상담자가 제대로 직면할 때에 내담자는 상담자의 관점을 인정하게 되고, 솔직하게 말해 준 것에 대해 감사할 수 있고, 깊이 생각해 볼 수 있다.

단기상담은 장기상담보다 더 적극적이고 지시적인 상담자 역할이 필요하므로 직면은 문제 해결적인 단기상담에서 매우 중요한 기법이다(김계현, 1990). 상담자는 내담자의 현재 문제에 초점 두고 내담자의 반응에 대해 적극적으로 직면하게 되고, 내담자의 강한 각성을 유발한다. 또한 직면은 단순히 내담자의 모순, 불일치, 왜곡된 감정, 경험 등을 지적하는 데만 그치는 것이 아니라, 내담자가 처해 있는 문제 상황에서 벗어나는 데 도움이 되는 다양한 자극을 가한다는 점에서 문제 해결적이다(김영석, 1993).

직면은 표현 방법과 사용 시기에 주의가 필요하다. 효과적인 직면의 방법은 먼저 내담자의 구체적 행동패턴을 지적한 다음, 예측되는 부정적 결과를 언급하고, 상담자의 느낌을 전하면서 비강요적으로 권유하여야 한다. 직면을 부적절하게 사용하게 되면 내담자의 저항을 초래하게 되고, 상담관계가 파괴되기도 한다. 따라서 내담자의 저항을 완화시킬 수 있는 전략을 사용한 후에 직면을 사용하는 것이 효과적이다(Carkhuff, 2000).

(1) 목표

직면의 의미와 가치를 이해하고, 수준별로 변별할 수 있으며, 최소 3.0 수준 이상의 직면을 말로 표현할 수 있다.

(2) 내용

직면이란 내담자의 비효과적인 행동패턴을 상담자가 말로 지적해 주는 것이다. 직면의 가치는 내담자가 자신을 평가하는 과정에서 고려할 수 있는 또 다른 견해를 상담자가 제공한다는 데 있다.

직면의 방법은 다음과 같다.

- 내담자의 구체적인 비효과적 행동패턴을 제시하기
- 계속될 경우에 일어날 부정적 결과를 설명하기
- 상담자의 안타깝고 걱정되는 마음을 전달하기
- 비강요적으로 한번 생각해 보기를 권유하기

(3) 활동

직면 기법의 훈련을 위한 구체적인 활동은 변별, 시범, 실습, 피드백으로 이루어진다. 지도자는 이 과정을 통해 훈련의 효과를 높이는 데에 힘쓴다.

① 변별

다음의 직면 척도를 참고하여 수준별 직면을 설명해 준다. 예시된 수준별 직면을 변별해 보고 직접 문제를 풀어 본다. 지도자는 〈예제 1〉을 설명해 줌으로써 참가자들이 변별하는 방법을 이해하도록 돕고, 〈예제 2〉를 각자 풀어 보게 한다.

표 4-4 **직면 척도의 예시**

직면 척도	
1.0	**반박, 무시, 서투른 충고** 내담자의 대화 내용에서 발견되는 상호모순되는 내용에 대해 지적하지 않거나 성급하게 지시함
2.0	**불일치에 대해 언급하지 않음** 내담자의 불일치에 대해 정확히 주의를 기울이지 않거나 침묵함
3.0	**불일치에 대한 서두르지 않는 표현** 내담자의 불일치에 대해 서두르지 않고 불일치를 말로 지적함
4.0	**불일치에 대한 확고한 지시적인 표현** 내담자가 깨닫지 못하였던 영역을 알 수 있도록 촉진해 주며, 이전에 모호하게 깨달았던 불일치를 명백히 나타내도록 말로 지적함

활동지

직면 기법 훈련

〈예제 1〉

내담자: 저는 전공을 바꾸고 싶어요. 솔직히 요즘은 취업이 잘 되는 ○○ 전공이 뜨는데, 제가 지금의 제 전공을 선택하였을 때만 해도 우리 쪽이 더 인기 있었거든요.

상담자: 1.0 학생은 너무 쉽게 인생을 살려고 하는군요. 남들은 얼마나 노력하는지 모릅니까?

(이 반응은 불일치에 대해서 섣불리 지적하고 있으며, 또한 충고의 방법으로 전달하고 있다.)

2.0 요즘 같은 취업난에 전공이 신경 쓰이지요. 다들 직장을 못 잡고 있고, 다른 친구들은 어떤 식으로 취직 준비를 하나요?

(이 반응은 내담자의 갈등이나 불일치를 충분히 그리고 정확하게 지적하지 못하고 있다.)

3.0 학생은 지금 공부하는 전공이 취직에 도움이 안 될까 봐 걱정되는가 봐요. 그런데 별로 공부는 안 하고 서두르기만 하는 건 아닌가 싶군요.

(이 반응은 학생의 말에 대한 잠정적인 진술을 하되, 그가 움직일 수 있는 방향에 대한 지시는 없다.)

4.0 학생은 장래에 대해 고민을 많이 하지만, 빨리 취직이 되는 쪽에만 관심 갖는 것 같군요. 혹시 그러다가 적성이나 긴 안목 없이 작은 이득만 좇아 시간을 낭비할까 봐 걱정됩니다. 한번 생각해 보기를 바랍니다.

(상담자는 내담자의 문제에 대한 구체적 행동패턴을 취급하고 있다. 이 직면에서 상담자는 내담자에게 그의 현재 행동으로 인해 앞으로 일어날 부정적인 결과를 지적하면서 상담자의 느낌을 말로 전달하고 있다. 또한 행동수정의 책임과 결단을 내담자 스스로가 지도록 권하였다.)

* 상담목표: 피훈련자는 직면 척도를 참고하여 상담자 반응을 평정할 수 있어야 한다.

〈예제 2〉

내담자: 담임선생님은 왜 우리 아이가 해내는 과제물에는 늘 B밖에 안 주는지 이해가 안 돼요. 제가 아이 숙제를 관심 갖고 챙겼는데 말이죠. 그런데 우리 애 짝은 계속 A를 받더라고요. 그런 공평치 않은 선생님은 한번 찾아가 봐야겠어요.

상담자: ....

....

....

....

....

〈예제 3〉

내담자: (내담자가 호통을 치듯 퉁명스럽게 말한다.)

요즘 학생들은 너무 말을 안 들어요. 책임은 지지 않고 권리만 주장하니, 게다가 교사 알기를 우습게 알아요.

상담자: ....

....

....

....

....

〈예제 4〉

내담자: (내담자가 잘 들리지 않는 소리로 우물쭈물 말한다.)

늘 혼자 있는 것 같고 무기력해집니다. 세상 사는 맛이 없어요. 아무리 노력해도 행복하지 않아요.

상담자: ....

....

....

....

〈예제 5〉

내담자: (내담자가 푸념을 늘어놓듯 말한다.)

회식도 사회생활이잖아요. 아내가 또 술이냐고 싫어하고 제가 맨날 논다고 생각해도 어쩔 수가 없어요.

상담자: ....

....

....

....

〈예제 6〉

내담자: (내담자가 초조한 태도로 쉬지 않고 말한다.)

우리 애가 친구들 무리에서 빠지게 될까 봐 걱정입니다. 그런데 학교에서 무슨 일이 있었는지 매번 물어봐도 제대로 대답을 안 해 주네요.

상담자: ....

....

....

....

〈예제 7〉

내담자: (내담자가 빈정대듯이 말한다.)

입사 동기는 일도 못 하면서 부장님한테 아부만 하고 승진했어요. 학벌도 제가 낫고, 저보다 떨어지는 친구인데 말이지요.

상담자: ....

〈예제 8〉

내담자: (내담자가 거칠고 예의 없는 태도로 말한다.)

위자료 한 푼 못 받고 별별 일을 다 하면서 애를 키워 놨더니, 이제 와서 엄마가 해 준 게 뭐냐고 하네요.

상담자: ....

〈예제 9〉

내담자: (내담자가 주저하면서 자신감 없이 말한다.)

남편은 저를 무시하는 말투로 이야기를 해요. 집에서는 몰라도 시댁에서까지 그럴 땐 어떻게 해야 할까요?

상담자: ....

....

....

....

〈예제 10〉

내담자: (내담자가 쉬지 않고 다그치듯 말한다.)

아이가 스마트폰만 들여다보고 공부를 안 해요. 아무리 훈계를 해도 그때뿐이고요. 게다가 남편은 제가 아이를 잘 못 키웠다고 뭐라고 하지요.

상담자: ....

....

....

....

〈예제 11〉

내담자: (내담자가 격앙된 목소리로 말한다.)

우리 집 식구들은 저와 대화하는 걸 싫어해요. 같이 대화를 하려고 노력해도 듣는 둥 마는 둥 각자 방으로 가 버리더군요.

상담자: ....

....

....

....

〈예제 12〉

내담자: (내담자가 상담자의 눈을 보지 않은 채 우물쭈물 말한다.)
취업 면접만 보러 가면 낙방합니다. 취업 준비만 벌써 3년째이고요.

상담자: ....

....

....

....

② 시범

지도자는 직면 척도를 수준별로 시범해 보인다. 이때 참가자 중 1명을 시범의 대상으로 한다.

③ 실습

참가자들은 2인 1조로 예제의 내용을 연습한 후, 조별로 공개 시연한다. 이때 내담자 역할은 각 예제의 괄호 반응(비효과적 행동패턴)을 강조하면서 제시문을 읽는다.

활동지

직면 기법 훈련 실습

2인 또는 3인 1조로 나뉘어 다음에 제시된 대상(아동, 청소년, 대학생, 직장인 등)에 해당하는 문제를 만들어 직면 기법을 연습해 보자. 내담자 역할이 특정 대상의 호소문제를 제시하면 상담자 역할은 적절한 직면 반응을 전달한다. 이때 관찰자 역할은 직면 반응에 대해 구체적인 피드백을 해 준다.

〈아동의 문제행동에 대해〉

내담자: ....

상담자: ....

....

....

....

〈청소년(중 · 고등학생)의 문제행동에 대해〉

내담자: ....

상담자: ....

....

....

....

〈대학생의 문제행동에 대해〉

내담자: ....

상담자: ....

....

....

....

〈직장인의 문제행동에 대해〉

내담자: ....

상담자: ....

....

....

....

〈학부모의 문제행동에 대해〉

내담자: ....

상담자: ....

....

....

....

〈노인의 문제행동에 대해〉

내담자: ....

상담자: ....

....

....

....

④ 피드백

각 조별 실습을 관찰하면서 느낀 점을 피드백해 준다. 이때 지도자는 긍정적이고 구체적인 피드백을 해 줌으로써 실습한 참가자들이 자신감을 갖게 하여야 한다.

(4) 평가

끝나기 10분쯤 전에 지도자는 훈련 과정을 요약한다. 참가자들의 노력에 대한 긍정적인 느낌을 반영함으로써 참가자들의 의욕과 희망을 높인다. 참가자들도 활동을 통해서 느낀 점을 돌아가면서 나누도록 한다.

4) 종합실습

(1) 목표

모의상담 장면에서 공감, 자기개방, 직면을 효과적으로 사용할 수 있다.

(2) 내용

지금까지 학습한 공감, 자기개방, 직면 기법은 하나로 묶어 사용할 수 있다. 참가자들은 상담자-내담자 역할을 번갈아 가며 수행하면서 기법에 숙달되도록 해 보자. 또한 타인의 실습을 관찰하면서 변별해 보고 피드백을 줄 수 있다면 더 좋은 학습 효과를 가져올 수 있을 것이다.

(3) 활동

공감, 자기개방, 직면 기법의 종합 훈련을 위한 구체적인 활동은 변별, 시범, 실습, 피드백으로 이루어진다. 지도자는 이 과정을 통해 여러 기법의 훈련 효과를 높이는 데 힘쓴다.

① 시범

먼저 지도자는 공감, 자기개방, 직면을 함께 사용하는 경우의 효과와 방법, 그리고 적용 가능한 범위 등을 설명해 준다. 참가자 중 1명을 앞으로 나오게 하여 실제 고민하는 문제를 호소하게 하고, 지도자는 공감, 자기개방, 직면 기법을 차례로 사용하여 상담자 역할을 한다. 이때 지금까지의 집단 과정에서 관찰된 참가자의 비효과적 행동 패턴을 활용할 수 있다.

② 실습

2인 1조로 편성하여 내담자 역할은 고민을 호소하고 상담자 역할은 공감, 자기개방, 직면해 준다. 연습이 끝나면 역할을 바꾸어 다시 연습한다. 지도자는 두 명씩 충분히 연습할 수 있도록 시간을 할애해 준다. 이 연습은 특히 중요하므로 조별로 자유롭게 연습하게 촉진하고, 연습이 끝나면 조별로 시연해 본다.

③ 피드백

지도자는 실습 장면을 분석해서 구체적으로 피드백해 준다. 이때 주의할 점은 긍정적 피드백 위주로 하여야 하고, 참가자들이 의견을 함께 나눌 수 있도록 분위기를 조성하는 것이다.

활동지

종합실습 1

내담자:

상담자: 공감

자기개방

직면

활동지

종합실습 2

내담자:

상담자: 공감

자기개방

직면

(4) 평가

끝나기 10분쯤 전에 지도자는 훈련 과정을 요약한다. 참가자들도 활동을 통해서 느낀 점을 돌아가면서 나누도록 한다.

에필로그

상담은 시간적 · 공간적 맥락을 살아가는 인간 존재의 정신적 · 심리적 고통을 덜어 주고자 하는 시도이므로 시대가 변함에 따라 상담의 형태도 변화해 갈 수밖에 없다. 단기상담이라는 이름이 나온 지 60년이 넘었지만 우리나라의 현대사회에 필요한 단기상담의 모형은 기존의 것들과 달라질 필요가 있다고 여겼다. 더구나 짧은 시간에 효과적인 도움을 주고자 하는 단기상담에서는 인간 존재와 삶에 대한 새로운 논의들에 대하여 촉각을 곤두세우고 이를 끊임없이 적용해야 한다는 사명감이 들었다.

이 시점에서 우리 상담자들은 단기상담이 다른 상담의 영역들과 공존함을 받아들여야 할 것이다. 우리는 이제 단기상담의 무엇을 모르고 있는가에 답해야 한다. 다시 말해, 왜 우리가 지금까지 단기상담의 중요성을 모르는 채 또는 모른 척하며 살아왔는지에 대해 생각해야 한다. 왜냐하면 알고 싶지 않기 때문이다. 보다 엄밀히 말하면, 우리가 단기상담을 '왜 알고 싶어 하지 않는지'에 대해 생각하는 것을 원하지 않기 때문이다. 무지는 단순히 지식이 부족하다는 것을 의미하지 않는다. 단기상담을 알고 싶지 않다는 마음가짐을 갖고 한결같이 노력해 온 결과가 무지다. 즉, 무지는 나태의 결과가 아니라 근면의 성과인 것이다. 요즘 같은 급변하는 시대에서 내가 늘 해 오던 방식을 지키려는 노력만으로는 시대를 앞서가거나 따라가기는커녕 내담자를 도울 수조차 없을지도 모른다. 나의 방식만 고수하려는 근면함을 내려놓고 좀 더 나태하게 새로운 관점을 찾아보는 것도 흥미로울 것이다.

이 책에서 제안한 구조화 단기상담 모형이 상담자에게 표준화된 상담을 유지할 수 있는 도구로 활용될 수 있기를 희망한다. 이 모형은 단기상담을 수행함에 있어 효과성을 증진시키고 상담자의 효능감을 높여 주며, 동시에 상담자가 상담의 효과에 대한 검증을 할 수 있는 방향성을 제공할 수 있을 것이다. 상담은 상담자의 자율성과 창의성에 따라 무한히 변주될 수 있다. 이 모형을 적용하면서 효과적인 상담 모형을 만들어 가는 상담전문가가 더 많이 배출되기를 기대한다.

참고문헌

강진구, 박보영(2024). 포스트모던 시대의 상담 효율화를 위한 단기상담 모듈화 가능성 탐색. 교육의 이론과 실천, 29(3), 15-30.

김계현(1990). 단기상담. 학생연구, 25, 98-114.

김영석(1993). 공감과 직면의 반응순서가 상담성과에 미치는 영향: 모의상담 관찰자의 지각을 통한 연구. 서울대학교 대학원 박사학위논문.

이형득(1982). 인간관계훈련의 실제. 중앙적성출판사.

이형득(2003). 본성실현상담. 학지사.

전경갑(2019). 인간소외의 성찰. 푸른사상.

진중권(2012). 생각의 지도: 진중권의 철학 에세이. 천년의 상상.

Becvar, D. S., & Becvar, R. J. (2003). *Family therapy: A systemic integration* (5th ed.). Allyn & Bacon.

Benjamin, A. (1987). *The helping interview: With case illustrations*. Houghton Mifflin.

Budman, S., & Gurman, A. (1988). *Theory and practice of brief therapy*. The Guilford Press.

Carkhuff, R. (2000). *The art of helping in 21st century VIII*. HRD Press.

Corey, G. (2005). *Theory and practice of counseling and psychotherapy* (7th ed.). Brooks/Cole.

de Shazer, S. (1991). *Putting difference to work*. W. W. Norton.

Gazda, G., Asbury, F., Balzer, F., Childers, W., & Walters, R. (1977).

Human relation development: A manual for educator. 이형득, 설기문 공역(1977). 조력기술 훈련의 실제. 형설출판사.

Haley, J. (1973). *Uncommon therapy: The psychiatric techniques of Milton H. Erikson, M. D.*. W. W. Norton.

Ivey, A. E., & Ivey, M. B. (2007). *Intentional interviewing and counseling: Facilitating client development in a multicultural society* (6th ed.). Brooks/Cole.

Lewis, R. (2005). Individual counseling: Brief approaches. In D. Capuzzi & D. R. Gross (Eds.) *Introduction to the counseling profession* (4th ed., pp. 173-193). Allyn & Bacon.

Lipchik, E. (2002). *Beyond technique in solution-focused therapy: Working with emotions and the therapeutic relationship*. Guilford.

Neimeyer, R. A., & Stewart, A. E. (2000). Constructivist and narrative therapies. In C. R. Snyder & R. E. Ingram (Eds.), *Handbook of psychological change*. Wiley.

Presbury, J. H., Echterling, L. G., & McKee, J. E.(2008). *Beyond brief counseling and therapy: An integrative approach* (2nd ed.). 강진구, 전정운, 박선진, 양승민 공역(2014). 단기상담의 통합적 접근. 학지사.

Prochaska, J. O., & Norcross, J. C. (2007). *Systems of psychotherapy: A transtheoretical analysis* (6th ed.). Thomson-Brooks/Cole.

Vogel, D., & Wester, S. (2003). To seek help or not to seek help: The risks of self-disclosure. *Journal of Counseling Psychology, 50*, 351-361.

Watzlawick, P., Weakland, J. H., & Fisch, R. (1974). *Change: Principles of problem formation and problem resolution*. W. W. Norton.

Weakland, J. H., & Fisch, R. (1992). Brief therapy-MRI style. In S. H. Budman, M. F. Hoyt, & S. Friedman (Eds.), *The first session in brief therapy*. Guilford.

Welfel, E. R., & Patterson, L. E. (2005). *The counseling process: A multitheoretical integrative approach*. 한재희 역(2009). 상담 과정의 통합적 모델: 다이론적 통합적 접근. 센게이지러닝.

찾아보기

저자 소개

강진구(Jinku Kang)

연세대학교 대학원 교육학과에서 철학박사(상담교육 전공) 학위를 받고 백석대학교 교육대학원에서 상담심리 전공 교수로 재직 중이다. 한국단기상담연구소(www.wiselor.org) 소장으로 단기상담과 집단상담 훈련을 실시하면서 상담전문가 양성에 힘쓰며 단기상담에 관한 다양한 연구를 수행하고 있다.

〈주요 역서 및 논문〉

『단기상담의 통합적 접근』(공역, 학지사, 2014)

「단기상담 훈련프로그램과 자기성장 집단상담이 심리조력가의 자기효능감과 불안에 미치는 영향: 전문적 자질과 인간적 자질 훈련을 중심으로」(특수교육재활과학연구, 2024)

「포스트모던 시대의 상담 효율화를 위한 단기상담 모듈화 가능성 탐색」(공동, 교육의 이론과 실천, 2024) 외 다수

구조화 단기상담의 실제

Practice of Structured Brief Counseling

2025년 6월 5일 1판 1쇄 인쇄
2025년 6월 10일 1판 1쇄 발행

지은이 • 강진구
펴낸이 • 김진환
펴낸곳 • (주)학지사
04031 서울특별시 마포구 양화로 15길 20 마인드월드빌딩
대표전화 • 02-330-5114 팩스 • 02-324-2345
등록번호 • 제313-2006-000265호

홈페이지 • http://www.hakjisa.co.kr
인스타그램 • https://www.instagram.com/hakjisabook

ISBN 978-89-997-3310-9 93180

정가 17,000원